Kristiane Müller-Urban

Kochen & Backen
Holunder

80 köstliche Rezepte

Weltbild

Inhalt

Ein Wort zuvor

Wenn der Hollerbusch seine unschuldigen weißen Blütendolden der Sonne entgegenreckt, werden Feinschmecker ganz andächtig. Sie atmen tief, inhalieren den betörenden Duft, der in der Frühlingsluft liegt, und greifen behände zu einem scharfen Werkzeug – ein sündhaft gutes Mahl vor Augen.

Der süße Duft zarter Holunderblüten verspricht dem Feinschmecker eine lange Zeit kulinarischer Köstlichkeiten. Sobald der Hollerbusch in voller Blüte steht, kann der Kenner der Verlockung nicht widerstehen und schneidet mit Bedacht ein paar schöne Dolden ab. Vorsichtig werden die zarten Blüten in einem Korb nach Hause getragen und in der Küche in einen luftigen Teig getaucht und in zischender Butter goldgelb ausgebacken. Alles noch schnell mit einem Hauch Puderzucker bestäuben, bevor die knusprigen Holunderblüten durch ihren Geschmack Gaumen und Magen gleichermaßen betören.

Einkauf- und Sammeltipps

Holunderblüten und -beeren sind immer eine kulinarische Sünde wert. Wer nicht frühzeitig einen Holunderbusch im Garten neben seinem Haus gepflanzt hat, um sie zu ernten und um böse Geister und Mächte fernzuhalten, muss hinaus in die freie Natur. Dort gedeiht der bis zu zehn Meter hohe Schwarze Holunder an Waldrändern und Feldrainen.

Wer das Glück hat, auf einem ländlichen Markt einkaufen zu können, wird im Herbst die wie Ebenholz glänzenden Holunderbeeren auch dort erwerben können. Holundermuttersaft (unverdünnt), Holundersaft, Holunderzubereitung (Fruchtaufstrich), Blütensirup (unter der Bezeichnung »Soda-Frucht Holunderblüte«), Holunderessig, -senf und -Balsam-Essig gibt es in Reformhäusern, Bioläden und Delikatess-Geschäften; Saft, getrocknete Beeren und Holunderblütentee auch in Apotheken. Holunderbrand finden Sie in gut sortierten Spirituosengeschäften, Holunderwein, -gelee und -likör auf manchen Bauernmärkten.

Aus Holunderblüten und -beeren lassen sich bei weitem nicht nur Holunderblütenpfannkuchen oder ein wirkungsvoller Saft gegen Erkältungen zaubern. In diesem Buch entdecken Sie eine Fülle einfacher und raffinierter Rezepte für leckeres Gebäck, gesunde und wohlschmeckende Gerichte für jeden Anlass sowie köstliche Desserts und feine Spezialitäten aus Holunderbeeren und -blüten. Dazu gibt es natürlich die wichtigsten Holunderrezepte für Saft, Mark, Gelee, Konfitüre, Wein, Likör und Erfrischungsgetränke.

Wissenswertes über Holunder

Holunder (*Sambucus nigra*) gehört zu den Geißblattgewächsen. Im Gegensatz zu ähnlichen Pflanzen wie Heckenkirsche und Schneeball sind Blüten und reife Beeren des Schwarzen Holunders ungiftig. Amsel, Drossel, Fink und Star, aber auch Rotkehlchen und andere Vögel lieben die schwarzen Beeren des Holunders. Sie tragen die Samen weit ins Land, so dass wir fernab vom ursprünglichen Standort Holunderbüsche antreffen.
Aus den schwarzen Holunderbeeren lässt sich ein leckerer Saft herstellen, der je nach Zubereitung und Weiterverarbeitung für süße und pikante Gerichte verwendet werden kann. Holunderbeeren sind reich an Vitaminen und Mineralstoffen (Vitamin C, B-Vitamine, Kalium, Kalzium und Natrium) und fördern Gesundheit und Wohlbefinden.

Volksglaube und Volksmedizin

Wenn man heute noch in der Nähe von Klöstern besonders viele Hollerbüsche antrifft, so liegt es daran, dass die frommen Leute sich schon immer die Heilkraft der Pflanze zu Nutze machten. Schon Hippokrates und Paracelsus kannten und priesen die Heilkraft der Blätter, Blüten, Rinde und der Wurzeln. Tee aus getrockneten Blättern und Blüten fördert die Wasserausscheidung und somit die Ausschwämmung von Krankheitsstoffen. Dieser Tee findet Anwendung bei Lungenentzündung, fiebrigen Erkältungen, Grippe und Arthritis. Harntreibend wirken Tees aus Blättern, Blüten und Wurzeln.
Heißer Holunderbeersaft lindert Erkältungskrankheiten, Bronchitis und Husten. Bei Verstopfung und Nervosität hilft ein Tee aus den getrockneten Beeren und Blüten. Warme Packungen aus Wurzeln, Rinde und Mark des Holunders können Kopfschmerzen lindern und Schwellungen positiv beeinflussen.

Hinweis

Blätter, Wurzeln und Rinde des Schwarzen Holunders führen bei falscher Anwendung leicht zu Vergiftungserscheinungen – fragen Sie lieber Ihren Arzt und Ihren Apotheker. Fertige Präparate gibt es in Apotheken.

Getrocknete Holunderbeeren (aus der Apotheke) sollen auch bei der Fettverbrennung helfen. Nach einem alten Rezept aus England verzehrt man über einige Wochen täglich 1,7 Gramm getrocknete Beeren und nimmt dazu zwei Esslöffel Holunderbeerwein zu sich.

Der Duft der Blüten lockt

Die duftenden Blüten des Schwarzen Holunders werden zwischen Mai und Juli geerntet. Wer sich in der Natur nicht richtig auskennt, sollte zunächst den Strauch seiner Wahl gründlich prüfen: Ist es wirklich der Schwarze Holunder? Fachleute und Fachbücher geben Auskunft. Erntet man Holunder auf freiem Feld, gilt es, einige Dinge zu beachten. Der Holunderstrauch, dessen Blüten und Beeren das Begehren erwecken, sollte nicht in unmittelbarer Nähe von Autostraßen, wegen ihren Abgasen, und von Feldern liegen, die gedüngt und mit Pestiziden behandelt werden.

Wichtig

Holunderbeeren nie roh verzehren! Blätter, Stiele, Stängel, Samen und unreife hellviolette und grüne Beeren enthalten Sambunigrin, das Erbrechen, Übelkeit und Benommenheit hervorrufen kann. Deshalb vor der Weiterverarbeitung alle grünen und hellvioletten Beeren, Stiele und Stängel und die Samen (Kerne) entfernen. Sambunigrin wird durch Kochen zerstört.

Der Hollerbusch sollte gesund aussehen. Schimmel, angefressene Blätter, Schädlinge zwingen Sie, einen anderen Strauch zu suchen. Die beste Erntezeit ist die frühe Mittagszeit oder der Nachmittag. Es darf nicht regnen, der Nebel muss sich gelichtet haben. Am besten ist ein angenehmer schöner, trockener Tag.

Die aufgeblühten Blütendolden werden mit einer scharfen Schere abgeschnitten. Sehen Sie gleich nach, ob sich kleine Bewohner dort niedergelassen haben. Durch behutsames Schütteln werden die Tierchen schnell entfernt. Legen Sie die Blüten vorsichtig in einen weiten Korb, der mit Zeitungspapier ausgelegt ist. Und lassen Sie bitte während der Erntezeit Ihren Korb nicht in der prallen Sonne stehen, die Blüten sind dankbar für einen schattigen Platz.

Wer die frischen Blüten nicht gleich verarbeiten möchte, lässt sie langsam, beispielsweise auf dem Dachboden, trocknen. Danach werden die

Blüten vorsichtig von den Stielen gezupft und in gut verschließbaren Behältern (kein Metall) aufbewahrt.

Endlich sind die Beeren reif

Im Herbst leuchten die violett-schwarzen Beeren weit ins Land. Die köstlichen Früchte werden am besten mittags bis nachmittags bei trockenem Wetter geerntet. Dafür eignet sich wieder ein weiter Korb, der mit Zeitungspapier ausgelegt ist.
Ernten Sie nur so viele Früchte, wie Sie am gleichen Tag verarbeiten können. Und denken Sie unbedingt daran: Keine frischen Holunderbeeren essen!
Schneiden Sie mit einer scharfen Schere die ganzen Fruchtdolden ab. Sortieren Sie überreife, hellviolette und grüne Früchte sofort aus. Sie dürfen auf keinen Fall mitverarbeitet werden.

Zu den Rezepten

Die Grundlagen für unsere Rezepte sind hauptsächlich Holundersaft, Mark, verschiedene Fruchtzubereitungen, Fruchtaufstrich, Sirup, Essig, Likör und Wein. Die genaue Anleitung für diese und andere Zubereitungen finden Sie im letzten Kapitel dieses Buches. Ein Seitenverweis auf das betreffende Rezept steht nur, wenn Sie das Produkt nicht auch im Handel kaufen können.
Die Rezepte in diesem Buch sind für vier Personen berechnet, wenn nichts anderes vermerkt ist. Die Angabe der Zubereitungszeit versteht sich als reine Arbeitszeit; weitere Zeitangaben entnehmen Sie bitte dem jeweiligen Rezept. Die Backtemperaturen beziehen sich auf klassische Elektroherde. Die Temperaturen für Heißluft- und Gasherde finden Sie in der Tabelle rechts.

Backtemperaturen

Elektroherd (Ober-/Unterhitze)	Elektroherd (Heißluft)	Gasherd
140 °C	120 °C	0–1
150 °C	130 °C	1
160 °C	140 °C	1–2
170 °C	150 °C	2
180 °C	160 °C	2–3
190 °C	170 °C	3
200 °C	180 °C	3–4
210 °C	190 °C	4
220 °C	200 °C	4–5
230 °C	210 °C	5
240 °C	220 °C	5–6
250 °C	230 °C	6

Vorspeisen, Suppen und Hauptgerichte

Rotkohl im Chicoréeschiffchen

Für den Salat

1 kleines Glas Rotkohl (300 g)
150 g Physalis
2 Apfelbananen (Minibananen)
1 kleines Stück Ingwer
12 ungesalzene Cashewkerne
2 große Stauden Chicorée

Für das Dressing

6 EL Walnussöl
4 EL Holunder-Rotwein-Essig (→ Seite 101)
3 EL Orangensaft + 1 Msp. Kreuzkümmelpulver
1 Msp. Curry + 2 Msp. Cayennepfeffer
Salz + Pfeffer aus der Mühle
1 TL Holundergelee

Zubereitungszeit 30 Minuten

1 Den Rotkohl in eine Schüssel füllen und mit einer Gabel lockern. Die Physalis aus ihrer Umhüllung lösen, waschen und halbieren. Die Bananen schälen und in Scheiben schneiden. Den Ingwer schälen und fein zum Rotkohl reiben. Die Cashewkerne in einer fettfreien Pfanne leicht rösten und längs halbieren.

2 Für das Dressing das Walnussöl mit Holunderessig und Orangensaft verrühren. Mit Kreuzkümmel, Curry, Cayennepfeffer, Salz, Pfeffer und Holundergelee würzen.

3 Physalis, Bananenscheiben, Cashewkerne und Dressing mit dem Rotkohl mischen und mindestens 1 Stunde durchziehen lassen.

4 Von den Chicoréestauden die äußeren Blätter entfernen und die großen Blätter ablösen, den Rest in feinste Streifen schneiden. Die großen Blätter rosettenförmig auf vier Teller verteilen. In die Mitte die Chicoréestreifen legen. Den durchgezogenen Salat in die Chicoréeschiffchen legen, den Rest über den Chicoréestreifen verteilen.

Sommersalat mit Lammfilet

Für den Salat

250 g grüne Buschbohnen + Salz
Pfeffer aus der Mühle + 1 Knoblauchzehe
250 g Lammfilet + Etwas Olivenöl zum Braten
1 Kopf Batavia- oder Eichblattsalat
Je 1 gelbe und rote Paprikaschote
200 g Kirschtomaten + 1 Bund Frühlingszwiebeln
100 g schwarze und grüne Oliven

Für das Dressing

8 EL Olivenöl + 2 EL Zitronensaft
4 EL Holunder-Balsam-Essig + 1 TL Holundersenf
1 hart gekochtes Eigelb + 8 Pfefferminzblätter
2–3 EL Gemüsebrühe + Salz
Pfeffer aus der Mühle + 1 TL Honig

Zubereitungszeit 45 Minuten

1 Die Bohnen putzen, waschen und in wenig Wasser mit Salz und Pfeffer garen und abgießen. Den Knoblauch abziehen und klein schneiden. Das Lammfilet waschen, trockentupfen, mit Salz und Pfeffer einreiben. Mit dem Knoblauch in etwas Olivenöl auf jeder Seite 1 Minute braten.

2 Den Salat putzen, waschen und in mundgerechte Stücke teilen. Die Paprikaschoten waschen und halbieren, Kerne und Trennwände entfernen. Die Schoten in schmale Streifen schneiden. Die Tomaten waschen, die Stielansätze abschneiden, dann halbieren. Die Frühlingszwiebeln putzen und nur den hellen Teil in dünne Scheiben schneiden.

3 Den Blattsalat auf eine Platte legen, die Bohnen, die zerkleinerten Zutaten und die Oliven darüber geben. Das Lammfilet in dünne Scheiben schneiden und dazulegen.

4 Für das Dressing Öl, Zitronensaft, Essig, Senf, Eigelb, Pfefferminzblätter und Gemüsebrühe mit dem Pürierstab mixen. Mit Salz, Pfeffer und Honig abschmecken. Das Dressing über die Salatplatte träufeln.

Rote-Bete-Carpaccio

Für das Carpaccio

500 g frische Rote Bete
1–2 Bund Rucola (je nach Größe)
12 Walnusskerne + 1 rote Chilischote
1 kleines Stück Ingwer + 1 rote Zwiebel

Für das Dressing

6 EL Walnussöl + 4 EL Holunder-Balsam-Essig
2 EL Orangensaft + Salz
Pfeffer aus der Mühle + 1 TL Honig

Zubereitungszeit 30 Minuten

1 Die Rote Bete waschen und in reichlich Wasser etwa 50 Minuten garen. Inzwischen den Rucola putzen, waschen, trockenschleudern und die Blätter kranzförmig auf vier Teller verteilen. Die Rote Bete abkühlen lassen, schälen und in dünne Scheiben schneiden.

2 Die Rote-Bete-Scheiben auf die Rucolablätter legen. Die Walnüsse grob hacken. Die Chilischote waschen, entkernen und in kleinste Würfel schneiden. Den Ingwer schälen und in dünne Scheibchen hobeln oder grob raspeln. Die Zwiebel abziehen und in feine Ringe schneiden.

3 Alle zerkleinerten Zutaten auf der Roten Bete verteilen. Das Walnussöl mit Holunderessig und Orangensaft cremig aufschlagen. Mit Salz, Pfeffer und Honig abschmecken und über die Salatteller träufeln.

Tipp

Rote Bete färbt sehr intensiv, deshalb ist es ratsam, beim Schälen der Knollen Einmalhandschuhe anzuziehen und die Kleidung zu schützen. Am Gemüsestand der Supermärkte finden Sie bereits gekochte Rote-Bete-Knollen, die vakuumverpackt sind.
Chilischoten gibt es in unterschiedlichen Schärfen. Meist gilt: je kleiner, desto schärfer. Diese Schärfe wird gemildert, wenn sowohl die Kerne als auch die hellen Trennwände entfernt werden.

Garnelensülzchen

6 Blatt weiße Gelatine
400 ml Fischfond + 100 ml Holunderwein
1 Bund Suppengrün + 1 rote Chilischote
1 Bund Frühlingszwiebeln
3 Lorbeerblätter + 5 Thymianzweige
500 g rohe Riesengarnelen ohne Kopf
Salz + Pfeffer aus der Mühle
4 EL Holunder-Balsam-Essig
2 EL Holundergelee

Zubereitungszeit 50 Minuten

1 Die Gelatine in kaltem Wasser 10 Minuten einweichen. Den Fischfond mit dem Wein zum Kochen bringen. Suppengrün, Chilischote und Frühlingszwiebeln in kleine Würfel schneiden, mit Lorbeerblättern und Thymian zum Fond geben und 5 Minuten garen. Anschließend die Garnelen weitere 5 bis 6 Minuten mitgaren.

2 Die Garnelen herausnehmen, aus dem Panzer brechen, längs halbieren und entdarmen. Lorbeerblätter und Thymian aus dem Fond entfernen. Den Fond sehr kräftig mit Salz, Pfeffer, Holunderessig und Holundergelee abschmecken.

3 Die Gelatine gut ausdrücken und in dem heißen Fond auflösen. Mit den Garnelen in vier kleine Förmchen oder eine große rechteckige Form geben und 6 Stunden kühl stellen.

Tipp

Für diese leichte Vorspeise können Sie auch Tiefkühl-Scampi, gekochte Tiefseegarnelen oder Nordseekrabben verwenden.

Tempura mit Holunderdip

Für den Dip

4 EL Zucker + 500 g rote Zwiebeln
1 Knoblauchzehe + 2 rote Chilischoten
1 Stück Ingwer + 1/8 l roter Portwein
1/8 l Holunderwein + Salz
Pfeffer aus der Mühle + Etwas Zimt
4–5 EL Holunderblütenessig (→ Seite 101)
2–3 EL Holunderblütensirup

Für das Tempura

250 g Hähnchenbrust
250 g Putenschnitzel
250 g Brokkoliröschen
Speisestärke zum Bestäuben
1 TL Kreuzkümmelpulver
1 Eigelb + 125 g Mehl + Butterschmalz

Zubereitungszeit 1 Stunde 15 Minuten

1 Den Zucker in einem Topf zu hellem Karamell schmelzen. Zwiebeln und Knoblauch abziehen. Zwiebeln in halbe Ringe, Knoblauch in dünne Scheiben schneiden. Die Chilischoten entkernen und fein würfeln. Den Ingwer schälen und fein hacken. Alle zerkleinerten Zutaten kurz in dem Karamell anschwitzen. Mit Portwein und Holunderwein ablöschen und 10 Minuten kochen. Den Dip kräftig durchrühren, mit Salz, Pfeffer, Zimt, Holunderessig und Holunderblütensirup abschmecken.

2 Für das Tempura das Fleisch von den Sehnen befreien, waschen, trockentupfen, in feine Streifen schneiden. Die Stiele von den Brokkoliröschen abschneiden. Fleisch und Gemüse mit Speisestärke und Kreuzkümmel bestäuben. 1/2 Liter eiskaltes Wasser (aus Eiswürfeln) mit dem Eigelb verrühren. Das Mehl auf einmal dazugeben und kurz mischen, Klümpchen sind erwünscht. Reichlich Butterschmalz in einer Fritteuse erhitzen. Fleisch und Brokkoli abwechselnd durch den Teig ziehen und nach und nach in dem heißen Fett ausbacken. Anschließend auf Küchenpapier entfetten und warm halten. Mit dem Dip servieren.

Pikanter Kartoffelsalat

1 kg fest kochende Kartoffeln + 1 Eigelb
100 ml Sonnenblumenöl
1 TL Holundermark (→ Seite 95)
1 EL Holundersenf
1 TL Holunder-Balsam-Essig
100 g Joghurt + Salz + Cayennepfeffer
Zucker + 2 rote Zwiebeln + 1 Apfel
2 EL Rote Bete (aus dem Glas)
1 Salzgurke + 2 EL Kürbiskerne + 1 Bund Dill
4 hart gekochte Eier + 100 g Räucher-
lachs + 50 g Forellenkaviar

Zubereitungszeit 45 Minuten

1 Die Kartoffeln waschen und in wenig Wasser 25 Minuten kochen, abgießen und pellen. Die Kartoffeln etwas abkühlen lassen, dann am besten mit einem Eierschneider in dünne Scheiben schneiden.

2 Für die Mayonnaise das Eigelb verrühren. Tropfenweise das Öl dazugeben und die Mayonnaise cremig aufschlagen. Mit Holundermark, -senf, -essig, Joghurt, Salz, Cayennepfeffer und Zucker mischen und pikant abschmecken. Die Kartoffeln mit der Mayonnaise mischen.

3 Die Zwiebeln abziehen und in feine Halbringe schneiden. Den Apfel vierteln, entkernen und in dünne Spalten hobeln. Die Rote Bete in schmale Streifen und die Salzgurke in dünne Streifen schneiden. Alles mit den Kartoffeln mischen. Den Salat 30 Minuten durchziehen lassen.

4 Die Kürbiskerne in einer fettfreien Pfanne rösten. Den Dill waschen, trockentupfen, zwei Stiele beiseite legen, den Rest klein schneiden. Den Salat noch einmal durchrühren, mit Salz und Holunderessig abschmecken. Kürbiskerne und Dill mit dem Salat verrühren.

5 Die Eier schälen und in Scheiben schneiden. Die Lachsscheiben zu kleinen Rosetten formen. Lachs und Kaviar auf den Eischeiben verteilen, mit einigen Dillspitzen garnieren und auf dem Salat anrichten.

Geräucherte Lachsforelle mit Holunder-Meerrettich-Sahne

Für die Forelle

1 Lachsforelle (etwa 1,8 kg) + grobes Meersalz
1 TL Zucker + 1 EL Anissamen
1 Bund Dill + 1 Bund Rosmarin
1 Bund Thymian + 1 Bund Majoran
1 Knoblauchknolle + 1 EL Fenchelsamen

Für die Sahne

250 g Sahne + 2 EL saure Sahne
1 EL Holundergelee + 3 EL geriebener Meerrettich
Etwas Worcestershiresauce

Zubereitungszeit 40 Minuten

1 Von der Lachsforelle Kopf, Schwanz und Flossen abschneiden, längs am Rücken halbieren, waschen und trockentupfen. 2 Esslöffel Meersalz mit Zucker und Anissamen mischen. Den Dill waschen, trockenschleudern und fein hacken. Mit der Gewürzmischung vermengen und die beiden Innenseiten der Lachsforelle damit bestreuen.

2 Die Fischhälften übereinander legen, in Frischhaltefolie wickeln und 12 Stunden kühl stellen. Danach die Gewürze mit einem Löffel entfernen. In einem alten Bräter oder ähnlichen Topf die Kräuter auf den Boden legen. Den Topf schließen und erhitzen. Die Knoblauchknolle quer halbieren und mit den Fenchelsamen auf die Kräuter legen.

3 Sobald etwas Rauch aufsteigt, die beiden Fischhälften mit der Innenseite nach unten auf die Kräuter legen und im geschlossenen Topf bei mittlerer Temperatur 20 bis 30 Minuten räuchern. Von dem Fisch Gräten und Haut entfernen, mit etwas Meersalz bestreuen.

4 Für die Sauce die Sahne steif schlagen. Die saure Sahne mit Holundergelee, Meerrettich und Worcestershiresauce mischen und unter die Sahne heben.

Wildhasensuppe mit Trauben

100 g durchwachsener Speck
2 EL Butterschmalz
500 g Wildhasen-Vorderläufe
2 Zwiebeln + 1 Knoblauchzehe
1 Bund Suppengrün + 4 Thymianzweige
5 Wacholderbeeren
Salz + Pfeffer aus der Mühle
400 ml Waldpilzfond
300 ml Holunderwein
200 g große helle Weintrauben
2 EL Butter + 100 g Crème fraîche
2 EL Holundermark (→ Seite 95)
Etwas gehackte Petersilie

Zubereitungszeit 1 Stunde

1 Den Speck ohne Schwarte fein würfeln. Butterschmalz in einem großen Topf erhitzen und den Speck darin kurz anschwitzen. Die Vorderläufe waschen, häuten und abtrocknen. Zum Speck geben und rundherum kräftig anbraten. Zwiebeln und Knoblauch abziehen, Suppengrün putzen, waschen und alles klein schneiden.

2 Die zerkleinerten Zutaten mit Thymian, Wacholderbeeren, Salz und Pfeffer zum Fleisch geben und kurz rösten. Dann mit 400 Milliliter Wasser, Waldpilzfond und Holunderwein aufgießen. Alles bei milder Hitze etwa 2 Stunden garen. Das Fleisch herausnehmen und in mundgerechte Stücke schneiden. Die Brühe durch ein Sieb streichen.

3 Die Brühe noch einmal mit Salz und Pfeffer abschmecken. Eventuell noch etwas Wasser oder Brühe hinzufügen. Die Weintrauben von den Stielen zupfen, halbieren, häuten und entkernen. Die Butter erhitzen und die Trauben darin erwärmen. Mit dem Fleisch zur Suppe geben und noch einmal erhitzen.

4 Crème fraîche mit Holundermark verrühren und in die Suppe einrühren. Mit Petersilie bestreuen.

Rotkohlsuppe mit Maronen

600 g Rotkohl
200 g durchwachsener Speck
2 EL Butterschmalz
250 g rote Zwiebeln
1/8 l roter Portwein
1/4 l Holunderwein
1/4 l Holundersaft + Salz
Pfeffer aus der Mühle + 1 Zimtstange
3 Nelken + 1 Sternanis + 3 Lorbeerblätter
1/2 TL Mazis (Muskatblüte)
2–3 EL Holunder-Rotwein-Essig (→ Seite 101)
1–2 EL Holundergelee + 300 g Maronen
2 EL Zucker + 3 EL Butter

Zubereitungszeit 1 Stunde

1 Die äußeren Blätter des Rotkohls entfernen, den Kohlkopf vierteln, den Strunk entfernen und in schmale Streifen hobeln. Den Speck fein würfeln. Das Butterschmalz erhitzen und den Speck darin knusprig braten. Die Hälfte herausnehmen und beiseite legen.

2 Die Zwiebeln abziehen und würfeln. Mit dem Rotkohl zum Speck geben und mit Portwein, Holunderwein, Holundersaft und einem 3/4 Liter Wasser aufgießen. Alles mit Salz, Pfeffer, Zimt, Nelken, Sternanis, Lorbeer und Mazis würzen. Die Suppe gut 1 Stunde bei milder Hitze kochen. Die festen Gewürze entfernen und die Suppe mit Holunderessig und Holundergelee, Salz und Pfeffer pikant abschmecken.

3 Die Maronen am spitzen Ende kreuzweise einschneiden und im Backofen bei 200 °C 30 bis 45 Minuten rösten, bis die Schale aufspringt. Die Maronen schälen und dabei auch die dunkle Haut entfernen, dann vierteln. Den Zucker in einem Topf zu einem hellen Karamell schmelzen, die Butter und die Maronen hinzufügen. So lange erhitzen, bis die Maronen gleichmäßig mit dem Karamell überzogen sind. Die Maronen mit den zurückgelegten Speckwürfeln zur Suppe geben und noch einmal erhitzen.

Tomaten-Kartoffel-Suppe

200 g fest kochende Kartoffeln
1,5 kg aromatische Tomaten
2 Zwiebeln + 4 Knoblauchzehen
4 EL Olivenöl + 4 EL Tomatenmark
1/2 l Tomatensaft
Salz + Pfeffer aus der Mühle
2 Thymianzweige
1 Rosmarinzweig
2 Lorbeerblätter
1 EL Holundersirup (→ Seite 96)
1 EL Holunder-Balsam-Essig
75 g schwarze Oliven mit Stein
20 Basilikumblätter
1 TL abgeriebene Zitronenschale

Zubereitungszeit 50 Minuten

1 Die Kartoffeln in der Schale etwa 25 Minuten garen, pellen und durch die Kartoffelpresse drücken. Die Tomaten waschen, vierteln und den Stielansatz abschneiden. Zwiebeln und 1 Knoblauchzehe abziehen und klein schneiden. Das Öl in einem Topf erhitzen und Zwiebeln und Knoblauch darin leicht anschwitzen.

2 Tomatenviertel, Tomatenmark, Tomatensaft, Salz, Pfeffer, Thymian, Rosmarin und Lorbeerblätter hinzufügen und bei milder Hitze 1 Stunde garen.

3 Die Tomatensuppe durch ein feines Sieb streichen, nach Belieben mit Wasser, Brühe oder Tomatensaft verdünnen. Die Suppe mit Holundersirup, Holunderessig, Salz und Pfeffer abschmecken.

4 Die restlichen Knoblauchzehen abziehen und hacken. Die Oliven vom Stein schneiden und ebenso wie die Basilikumblätter hacken. Die durchgedrückten Kartoffeln mit dem Knoblauch, den gehackten Oliven, dem Basilikum und der Zitronenschale mischen und in der Tomatensuppe erhitzen oder erwärmen und getrennt dazu reichen.

Wildtopf

4 Wildhasenkeulen + 4 EL Butterschmalz
Salz + Pfeffer + 5 Knoblauchzehen
15 Wacholderbeeren + 3 Lorbeerblätter + 1/2 l Rotwein
2 EL Holunder-Rotwein-Essig (→ Seite 101)
20 g getrocknete Herbsttrompeten
175 g durchwachsener Speck
75 g Butter + 250 g rote Zwiebeln
750 g Fass-Sauerkraut
400 ml Wildfond oder Brühe
200 g Sahne + 1 TL Cayennepfeffer
2 EL Holundergelee
250 g Schupfnudeln + Butterschmalz

Zubereitungszeit 1 Stunde 10 Minuten

1 Die Keulen waschen, häuten und trockentupfen. Das Butterschmalz in einem Topf erhitzen und die Keulen darin rundherum anbraten, dann mit Salz und Pfeffer bestreuen. Die ungeschälten Knoblauchzehen, Wacholderbeeren und die Lorbeerblätter dazulegen und alles mit Rotwein und Holunderessig begießen.

2 Die Hasenkeulen im geschlossenen Topf ungefähr 2 Stunden garen. Inzwischen die Pilze 30 Minuten in heißem Wasser einweichen. Den Speck in feine Streifen schneiden und in heißer Butter anbraten. Die Zwiebeln schälen, achteln und dazugeben, ebenso das Sauerkraut, den Fond sowie die Sahne. Die Pilze mit etwas Einweichwasser zum Sauerkraut geben und alles 15 bis 20 Minuten garen.

3 Das Sauerkraut mit Salz, Pfeffer, Cayennepfeffer sowie 1 Esslöffel Holundergelee abschmecken. Das Fleisch von den Knochen lösen, in mundgerechte Stücke schneiden, mit dem Kraut mischen. Den Fond durch ein Sieb gießen, etwas einkochen lassen, mit Salz, Pfeffer und dem restlichen Gelee nachwürzen und getrennt zum Eintopf reichen.

4 Die Schupfnudeln in heißem Butterschmalz goldgelb braten. Das Sauerkraut auf einer Platte anrichten, die Schupfnudeln darauf geben.

Enteneintopf mit Pasta

1 küchenfertige Ente (etwa 2,4 kg)
1 Rosmarinzweig + 2 Thymianzweige
3 Lorbeerblätter + 1 Sternanis
1 EL Pfefferkörner + 1 Bund Suppengrün
Salz + 250 g Zucchini + 250 g Möhren
1 Bund Frühlingszwiebeln
4 EL Butter + Pfeffer aus der Mühle
2–3 EL Holunder-Relish (→ Seite 102)
200 g breite Bandnudeln + 1 Bund Petersilie
200 g Sahne + 125 g geriebener Gruyère

Zubereitungszeit 40 Minuten

1 Die Ente innen und außen waschen, in einen Bräter legen und mit so viel Wasser begießen, dass die Ente zu drei Viertel bedeckt ist. Kräuter, Gewürze, grob gehacktes Suppengrün und 2 Esslöffel Salz dazugeben. Die Ente bei milder Hitze in etwa 2 Stunden garen.

2 Inzwischen die Zucchini waschen, die Möhren schälen und beides in dünne Scheiben schneiden. Von den Frühlingszwiebeln nur den hellen Teil in dünne Scheiben schneiden. Die Butter in einer Pfanne erhitzen und das Gemüse darin leicht anschwitzen, mit etwas Entenbrühe ablöschen und bissfest garen, dann mit Salz, Pfeffer und Holunder-Relish würzen.

3 Die Ente aus der Brühe nehmen, die Brühe durch ein Sieb gießen. Das Entenfleisch vom Knochen lösen, die Haut in etwa 2 Zentimeter große Stücke schneiden und in eine Pfanne legen. Das Fleisch in mundgerechte Stücke schneiden. Die Brühe eventuell mit etwas Wasser auffüllen, nachsalzen und die Pasta darin bissfest garen.

4 Die Entenhaut in einer Pfanne beidseitig knusprig braten. Die Pasta abgießen und die Brühe auffangen. Die Petersilie waschen und fein hacken. Die Sahne in den Topf gießen. Gemüse, Pasta, Fleisch, eventuell noch etwas Brühe und Petersilie darin mischen und erhitzen. Die knusprige Haut darüber streuen und den Käse getrennt dazu reichen.

Schweinefilet mit Holundersauce

Für das Fleisch

800 g Schweinefilet
Salz + Pfeffer + Mehl zum Bestäuben
2 Eier + 8 EL Paniermehl
5 EL Mandelblättchen
Butterschmalz zum Braten

Für die Sauce

4 Schalotten + 1/8 l Holunderwein
2 EL Holundergelee + 1 EL Holunder-Orangen-Senfsauce (→ Seite 105)
200 g Sahne + 2 EL Butter
1 TL rote Pfefferkörner

Zubereitungszeit 40 Minuten

1 Das Fleisch von allen Sehnen befreien und quer in etwa 3 Zentimeter dicke Stücke schneiden. Die Filets zwischen Frischhaltefolie und einem Fleischklopfer etwas flach drücken. Beidseitig mit Salz und Pfeffer bestreuen. Das Fleisch rundherum mit etwas Mehl bestäuben.

2 Die Eier aufschlagen und mit etwas Salz und Pfeffer verrühren. Das Paniermehl mit den Mandelblättchen mischen. Reichlich Butterschmalz in einer großen Pfanne erhitzen. Das Fleisch mit Ei und Paniermehl panieren und auf jeder Seite goldgelb backen. Warm stellen.

3 Die Schalotten abziehen und fein würfeln. Das Bratenfett bis auf einen kleinen Rest abgießen und wieder etwas Butterschmalz in die Pfanne geben. Die Schalotten darin weich, aber nicht braun schmoren. Holunderwein und Holundergelee einrühren und 5 Minuten köcheln lassen. Dann Holundersenfsauce und Sahne dazugeben, noch einmal 3 Minuten köcheln lassen. Die Sauce nach Belieben durch ein feines Sieb streichen, mit der Butter verfeinern und mit Salz und Pfeffer abschmecken. Die Pfefferkörner grob zermörsern und über die Sauce streuen.

Gefüllte Kalbssteaks mit glasierten Rübchen

4 Kalbsrückensteaks à 200 g
75 g Roquefort + 1 Birne + Salz
Pfeffer + 10 Walnusskerne
Butterschmalz + 1/8 l Holunderwein
100 g Crème fraîche + 100 g Brombeeren
Etwas Holundersirup (→ Seite 96)
500 g kleine weiße Rübchen (Navets)
250 g Sahne + 1 Msp. frisch geriebene Muskatnuss
Etwas abgeriebene Zitronenschale
2 EL Zucker + 2 EL Butter + 1 Bund Schnittlauch

Zubereitungszeit 1 Stunde 10 Minuten

1 Das Fleisch waschen, trockentupfen und seitlich eine Tasche einschneiden. Den Roquefort mit einer Gabel zerdrücken. Die Birne schälen, entkernen und ein Viertel fein hacken, die Walnüsse ebenfalls hacken. Die Hälfte der Nüsse und die gehackte Birne mit dem Roquefort mischen. Die Steaks damit füllen, mit Holzspießchen verschließen und mit Salz und Pfeffer würzen.

2 Etwas Butterschmalz erhitzen und die Steaks darin auf jeder Seite 3 Minuten braten, dann warm stellen. Die restliche Birne grob würfeln. Mit den restlichen Walnüssen, Holunderwein, Crème fraîche und Brombeeren in der Pfanne 2 Minuten kochen. Etwas Holundersirup einrühren und die Sauce mit Salz und Pfeffer abschmecken.

3 Die Rübchen putzen, schälen und in einer Mischung aus Sahne und Wasser mit Salz, Pfeffer, Muskat und Zitronenschale garen, dann abgießen. Den Zucker im Topf zu hellem Karamell schmelzen, Butter und Rübchen hinzufügen und kurz erhitzen.

4 Die Steaks in der Sauce 2 Minuten erwärmen und mit den Rübchen anrichten. Schnittlauch waschen, in Röllchen schneiden und über die Rübchen streuen.

Mariniertes Rinderfilet

800 g Rinderfilet
1/4 l Holunder-Rotwein-Essig (→ Seite 101)
1/4 l Holunderwein + 1 Bund Suppengrün
2 Zwiebeln + 8 Thymianzweige
3 Lorbeerblätter + 1 TL Pfefferkörner
1 TL Pimentkörner
1 EL Wacholderbeeren
3 Gewürznelken + 1 Sternanis
Butterschmalz zum Braten + Salz
Pfeffer aus der Mühle
1 TL Speisestärke
200 g Sahne + 1 EL Holundergelee

Zubereitungszeit 40 Minuten

1 Das Filet von den Sehnen befreien, waschen und trockentupfen. Für die Marinade Essig und Wein mit 1/4 Liter Wasser zum Kochen bringen. Suppengrün putzen und grob würfeln. Zwiebeln abziehen und in Ringe schneiden. Beides mit Thymian und allen Gewürzen zur Marinade geben, einmal aufkochen, dann abkühlen lassen.

2 Das Fleisch in einen Gefrierbeutel legen und mit der abgekühlten Marinade begießen. Den Beutel verschließen und das Filet 5 bis 6 Stunden im Kühlschrank durchziehen lassen. Danach das Fleisch aus der Marinade heben und trockentupfen. Das Butterschmalz erhitzen und das Fleisch darin rundherum kräftig anbraten, mit Salz und Pfeffer würzen. Nach und nach die Marinade dazugießen. Das Fleisch 25 bis 30 Minuten garen.

3 Das Fleisch warm stellen, den Bratenfond durch ein Sieb gießen. Die Speisestärke mit der Sahne verrühren und die Sauce damit binden. Mit Salz, Pfeffer und Holundergelee abschmecken. Dazu passen Kartoffelkroketten.

Gefüllte Hähnchenbrust mit Holunderblütenreis

Für die Filets

1 Knoblauchzehe
50 g Schinkenspeck
150 g Champignons + 2 EL Butter
1 EL gehackte Petersilie
Salz + Pfeffer aus der Mühle
2 EL geriebener Käse + 1 Eigelb
4 halbe Hähnchenbrustfilets
Butterschmalz zum Braten
100 g Sahne + 1 TL Holundersenf

Für den Reis

8–10 Holunderblütendolden
1 großes Ei + 1 gehäufter EL Mehl
5 EL Milch + 1 Döschen Safranpulver
2 EL flüssige Butter + Salz
1 Tasse Basmatireis + 2 EL Butter
2 EL gehackte Pistazien
2 EL gehackter Dill

Zubereitungszeit 1 Stunde 10 Minuten

1 Den Knoblauch abziehen und durch die Presse drücken. Den Schinkenspeck fein würfeln. Die Champignons putzen, eventuell waschen, trockentupfen und grob hacken. Die Butter erhitzen und alles darin unter Rühren 5 Minuten schmoren, bis alle Flüssigkeit verdampft ist. Die Masse pürieren und mit der gehackten Petersilie, Salz, Pfeffer, Käse und Eigelb mischen.

2 Das Fleisch waschen, trockentupfen und seitlich eine Tasche einschneiden. Die Filets mit der Pilzfarce füllen und mit Holzspießchen verschließen. Das Butterschmalz in einer Pfanne erhitzen und die gefüllten Filets darin auf jeder Seite 3 bis 4 Minuten braten. Den Bratfond mit Sahne ablöschen und mit Holundersenf, Salz und Pfeffer würzen.

3 Für den Reis die Holunderblütendolden ausschütteln. Das Ei trennen, Eigelb mit Mehl, Milch, Safran, flüssiger Butter und etwas Salz verrühren. Das Eiweiß steif schlagen und unterheben. Reichlich Butterschmalz in einer Pfanne erhitzen. Die Blütendolden durch den Teig ziehen und in dem heißen Fett goldgelb braten, auf Küchenpapier entfetten.

4 Den Reis gründlich waschen und in 3 Tassen Wasser mit Salz und Butter in 15 bis 20 Minuten garen. Anschließend offen abdampfen lassen und mit der Butter mischen. Die Blüten von den Stielen zupfen, mit den Pistazien unter den Reis heben und mit Dill bestreuen.

Holunderspätzle

250 g Mehl + Salz
1 Msp. frisch geriebene Muskatnuss
3–4 Eier + 1/2 l Holundermuttersaft
4 EL Butter zum Braten
2 EL gehackte Petersilie

Zubereitungszeit 30 Minuten

1 Für die Spätzle das Mehl mit etwas Salz, Muskatnuss und so vielen Eiern verrühren, bis ein halbflüssiger Teig entsteht, 30 Minuten ruhen lassen. Einen Topf mit dem Muttersaft, 1 Liter Wasser sowie Salz zum Kochen bringen.

2 Den Teig durch eine Spätzlepresse in Wasser drücken oder mit einem Holzbrett und einer Palette ins Wasser schaben. Die oben schwimmenden Spätzle herausnehmen und kurz ins kalte Wasser legen. Die Butter erhitzen und die abgetropften Spätzle darin erhitzen. Dann mit Petersilie bestreuen.

Tipp

Die Holunderspätzle passen sehr gut zu Rinderrouladen, Kalbsbraten sowie den verschiedensten Wildgerichten.

Hähnchenbrust-Frikadellen auf Linsengemüse

250 g Tellerlinsen + 100 g durchwachsener Speck
2 Bund Suppengrün + 1 Bund Frühlingszwiebeln
1 EL Holunder-Fruchtaufstrich + Salz
Pfeffer + 1–2 EL Holunder-Chutney (→ Seite 103)
500 g Hähnchenbrustfilet
4 Scheiben Toastbrot + 1 Ei
1 TL Speisestärke + Cayennepfeffer
Curry + Kreuzkümmelpulver
Etwas abgeriebene Zitronenschale
Butterschmalz zum Braten

Zubereitungszeit 50 Minuten

1 Die Linsen waschen und 3 bis 4 Stunden in kaltem Wasser einweichen. Den Speck fein würfeln und auslassen. Das Suppengrün putzen, schälen, waschen und klein würfeln. Die hellen Teile der Frühlingszwiebeln in feine Scheiben schneiden, Zwiebelgrün in feine Röllchen schneiden und beiseite legen. Alle zerkleinerten Zutaten zum Speck geben und kurz anschwitzen.

2 Die Linsen abgießen und zu dem angeschwitzten Gemüse geben. Mit so viel Wasser aufgießen, dass die Linsen gut bedeckt sind. Holunder-Fruchtaufstrich hinzufügen und weich kochen. Die Linsen mit Salz, Pfeffer und Holunder-Chutney pikant abschmecken.

3 Das Fleisch waschen, trockentupfen und durch die grobe Scheibe des Fleischwolfs drehen. Das Toastbrot entrinden, kurz in Wasser einweichen, dann gut ausdrücken. Mit Ei und Speisestärke zum Fleisch geben und mit Salz, Cayennepfeffer, Curry, Kreuzkümmel und Zitronenschale würzen. Vier Frikadellen formen und kurz kühl stellen.

4 Die Frikadellen in heißem Butterschmalz auf jeder Seite 3 bis 4 Minuten braten. Das Linsengemüse auf Tellern anrichten, jeweils eine Frikadelle darauf setzen und mit dem Zwiebelgrün bestreuen.

Putenbrust mit Chicorée

Für die Putenbrust

800 g Putenbrust am Stück + Salz
Pfeffer aus der Mühle + 1 Bund Petersilie
1 TL getrockneter Rosmarin + 1 Eigelb
250 g Bacon (dänischer Frühstücksspeck)
1 Apfel + 4 rote Zwiebeln
12 Backpflaumen ohne Kern
750 g kleine Kartoffeln + 1/4 l Fleischbrühe
1 EL Holunder-Apfel-Konfitüre (→ Seite 100)
100 g Crème fraîche + 40 g Mandelstifte

Für den Chicorée

1 EL Zucker + 500 g Chicorée
4 EL Butter + Salz + Pfeffer aus der Mühle
1–2 EL Holunderblütenessig (→ Seite 101)
2 EL Schnittlauchröllchen

Zubereitungszeit 1 Stunde

1 Das Fleisch waschen und trockentupfen, dann mit Salz und Pfeffer würzen. Die Petersilie hacken und mit Rosmarin und Eigelb mischen. Die Putenbrust damit bestreichen, mit dem Speck umwickeln und mit Küchengarn fixieren. Das Fleisch in einem Bräter rundherum anbraten.

2 Den Apfel achteln. Die Zwiebeln abziehen und ebenfalls achteln, mit dem Apfel und den Backpflaumen ums Fleisch legen. Die Kartoffeln abbürsten oder dünn schälen und ebenfalls zum Fleisch geben. Die Brühe dazugießen und das Fleisch 40 bis 45 Minuten schmoren. Den Fond zum Schluss mit Salz, Pfeffer, Holunderkonfitüre und Crème fraîche abschmecken. Mit der Apfel-Zwiebel-Mischung verrühren und mit den Mandelstiften bestreuen.

3 Die Blätter von den Chircoréestauden lösen. Den Zucker in einer Pfanne schmelzen. Butter und Chicorée dazugeben, mit Salz und Pfeffer würzen und mit 1 bis 2 Esslöffel Holunderessig ablöschen. Das Gemüse 8 bis 10 Minuten schmoren, dann mit dem Schnittlauch bestreuen.

Gebratenes Perlhuhn auf Kraut

Für das Huhn

1 Perlhuhn + 1 Apfel
1/2 Bund frischer Thymian + 4 Knoblauchzehen
1 rote Chilischote + 2 EL Paniermehl
1 EL Rosinen + 4 EL flüssige Butter
Salz + Pfeffer aus der Mühle
1/4 l Geflügelbrühe + 1 EL Honig
1 EL Holunderblütenessig (→ Seite 101)

Für das Sauerkraut

200 g Zwiebeln + 2 Knoblauchzehen
2 Äpfel + 80 g Butter + 500 g Fass-Sauerkraut
3 Lorbeerblätter + 10 Wacholderbeeren
250 g Sahne + 1/4 l Fleischbrühe

Zubereitungszeit 40 Minuten

1 Das Huhn waschen und trockentupfen. Den Apfel schälen, vierteln und fein würfeln. Die Thymianblättchen von den Stielen zupfen. Den Knoblauch abziehen und fein hacken. Alles mit Paniermehl und Rosinen mischen. Das Perlhuhn füllen und mit Holzspießchen verschließen.

2 Den Backofen auf 200 °C vorheizen. Das Huhn mit flüssiger Butter bestreichen und mit Salz sowie Pfeffer würzen. Die Brühe in die Saftpfanne gießen, das Perlhuhn darauf setzen und auf der untersten Schiene in den Backofen schieben. Das Perlhuhn alle 15 Minuten wenden und mit dem Fond begießen. Den Honig mit dem Holunderessig mischen und das Huhn damit die letzten 15 Minuten mehrmals bestreichen.

3 Für das Sauerkraut Zwiebeln und Knoblauch abziehen und würfeln. Die Äpfel schälen, vierteln, entkernen und ebenfalls würfeln. Die Butter in einem Topf leicht bräunen, Zwiebeln, Knoblauch, Äpfel, Sauerkraut, Lorbeerblätter, Wacholderbeeren, Sahne und Fleischbrühe zur Butter geben, mischen und abgedeckt bei milder Hitze 20 Minuten garen. Das gebratene Perlhuhn vierteln, auf dem Sauerkraut anrichten und die Füllung getrennt dazu reichen.

Kaninchen mit Risotto

Für die Kaninchenkeulen

4 Kaninchenkeulen + Salz
Pfeffer aus der Mühle
250 g Zwiebeln + 4 Knoblauchzehen
150 g durchwachsener Speck
6 EL Olivenöl + 2 Rosmarinzweige
4 Thymianzweige + 1 Dose Pizzatomaten
100 g getrocknete Tomaten
100 g grüne und schwarze Oliven
1/4 l Holunderwein

Für den Risotto

1 Zwiebel + 1 Knoblauchzehe
2 EL Olivenöl + 400 g Risottoreis
1 l Geflügelbrühe + 1/8 l Holunderwein
50 g geriebener junger Gouda
1 EL Holundermark (→ Seite 95)
4 EL Butter + Salz + Pfeffer

Zubereitungszeit 45 Minuten

1 Das Fleisch waschen, trockentupfen und mit Salz und Pfeffer würzen. Zwiebeln und Knoblauch abziehen und grob würfeln. Den Speck in schmale Streifen schneiden. Das Olivenöl in einem Bräter erhitzen und das Fleisch darin leicht anbraten. Die zerkleinerten Zutaten, Kräuter, Pizzatomaten, getrocknete Tomaten, Oliven und Holunderwein hinzufügen. Das Fleisch bei milder Hitze in 50 bis 60 Minuten garen. Kräuter entfernen. Den Bratfond mit Salz und Pfeffer abschmecken.

2 Die Zwiebel und den Knoblauch abziehen und fein würfeln. Olivenöl erhitzen und Zwiebel und Knoblauch darin kurz anschwitzen, dann den Reis hinzufügen. Nach und nach die Brühe und den Holunderwein angießen. Erst wenn der Reis die Flüssigkeit aufgezogen hat, die nächste Portion Brühe dazugießen. Die Garzeit des Risottos beträgt rund 45 Minuten. Zum Schluss Käse, Holundermark und Butter einrühren. Den Risotto noch einmal mit Salz und Pfeffer abschmecken.

Rehfilet mit Sauerkrautpuffern

Für das Filet

600 g Rehrückenfilet
4 EL Holunder-Rotwein-Essig (→ Seite 101)
250 g Pfifferlinge + Butterschmalz zum Braten
1 Rosmarinzweig + 2 Thymianzweige
5 Wacholderbeeren + 1 TL Hagebuttenmark
1 TL Holundermark (→ Seite 95) + 4 EL Butter
Pfeffer aus der Mühle + Grobes Meersalz

Für die Puffer

250 g Fass-Sauerkraut + 50 g Schinkenspeck
1 Knoblauchzehe + 1 Zwiebel
750 g mehlig kochende Kartoffeln
1 Ei + Etwa 150 ml Milch
Salz + Pfeffer + Butterschmalz

Zubereitungszeit 1 Stunde

1 Das Fleisch von den Sehnen befreien, waschen und trockentupfen. Ein Küchentuch mit dem Holunderessig tränken, das Filet darin einwickeln und 12 Stunden kühl stellen. Die Pilze putzen. Etwas Butterschmalz in einer Pfanne erhitzen und die Pilze darin 5 Minuten schmoren, dann beiseite legen. Wieder etwas Butterschmalz erhitzen und das marinierte Fleisch darin rundherum anbraten. Rosmarin, Thymian und Wacholderbeeren dazugeben und insgesamt 15 Minuten schmoren, dabei öfter wenden. Das Fleisch in Alufolie wickeln und warm stellen. Hagebuttenmark, Holundermark und Butter mit dem Bratfond mischen.

2 Das Sauerkraut gut ausdrücken und klein schneiden. Den Speck fein würfeln. Knoblauch und Zwiebel abziehen und fein würfeln. Kartoffeln schälen und grob raspeln. Alles miteinander mischen und mit Ei, Milch, Salz und Pfeffer zu einem nicht zu flüssigen Teig verarbeiten. Butterschmalz in einer Pfanne erhitzen und nacheinander kleine Puffer backen. Die Pilze in der Sauce erwärmen. Das Fleisch schräg in Scheiben schneiden, mit Pfeffer und grobem Salz bestreuen und auf den Puffern anrichten. Die Pilze mit etwas Sauce darüber geben.

Rotbarschfilet in Pergament

4 Scheiben Rotbarschfilet à 200 g
6 EL Holunder-Balsam-Essig
1 EL Honig + 1 dicke Möhre
1 großer Zucchino
2 Stangen Staudensellerie
1 Stange Lauch + 4 EL Butter
Salz + Pfeffer aus der Mühle
1 TL getrockneter Thymian + Etwas Olivenöl
4 Dillstängel + 4 Orangenscheiben
4 Zitronenscheiben + 4 Lorbeerblätter

Zubereitungszeit 50 Minuten

1 Den Fisch waschen und trockentupfen. Den Essig mit dem Honig mischen und die Filets damit beidseitig bestreichen, dann kühl stellen.

2 Die Möhre schälen, Zucchino putzen und waschen, Selleriestangen abfädeln, Lauch putzen, längs halbieren und waschen. Möhre und Zucchino längs in dünne Scheiben hobeln und dann in schmale Streifen schneiden. Selleriestangen und den hellen Teil des Lauchs ebenfalls längs in hauchdünne Streifen schneiden.

3 Die Butter in einem weiten Topf erhitzen und die Gemüsestreifen darin unter Rühren 5 Minuten garen. Eventuell etwas Wasser hinzufügen, mit Salz, Pfeffer und Thymian würzen. Vier Bogen Pergamentpapier mit etwas Öl einfetten, jeweils einen zweiten Bogen darauf legen.

4 Den Backofen auf 200 °C vorheizen. Die Fischfilets mit Küchenpapier trockenreiben, mit Salz und Pfeffer würzen. Die Gemüsestreifen auf die vier Doppelbogen Pergamentpapier verteilen. Die Fischfilets darauf legen, jedes Filet mit etwas Öl beträufeln und jeweils mit 1 Dillstängel, 1 Orangen- und 1 Zitronenscheibe und 1 Lorbeerblatt belegen.

5 Die vier Päckchen mit Bast auf jeder Seite zusammenbinden. Die Päckchen auf ein Backblech setzen und auf der mittleren Schiene im heißen Backofen 25 Minuten garen.

Schellfisch mit Senfsauce

Für den Fisch

1 kg Schellfisch + 1 Bund Suppengrün
3 Lorbeerblätter + 1 EL Senfkörner
1 TL Pimentkörner + 1 rote Chilischote
1 EL Pfefferkörner + Salz + Pfeffer aus der Mühle

Für die Senfsauce

2 EL Butter + 1 TL Mehl
100 ml Fischbrühe + 8 EL Butter
5 EL Sonnenblumenöl + 1 EL Dijon-Senf
4 EL Holundersenf + 1 EL süßer Senf
Salz + Pfeffer aus der Mühle

Zubereitungszeit 45 Minuten

1 Den Schellfisch waschen und in einem Topf mit kaltem Wasser bedecken. Das Suppengrün putzen, schälen und grob würfeln. Das Würzgemüse mit allen Gewürzen zum Fisch geben und zum Kochen bringen. Den Fisch bei milder Hitze 30 bis 35 Minuten gar ziehen lassen. Der Fisch ist gar, wenn sich die Rückenflosse leicht herausziehen lässt.

2 Für die Senfsauce die Butter mit dem Mehl in einem Topf verrühren und erhitzen. Die heiße Fischbrühe angießen und einmal aufkochen lassen. Butter, Öl und alle Senfsorten einrühren und mit Salz und Pfeffer abschmecken.

3 Den Fisch auf einer vorgewärmten Platte anrichten, die Haut entfernen und mit etwas Sauce begießen, den Rest getrennt dazu reichen.

Tipp

Für ein festliches Fischgericht brauchen Sie jeweils 200 Gramm Lachsfilet, Heilbuttfilet und Seeteufel sowie 4 rohe Riesengarnelen. Die Filets waschen und in 4 gleich große Stücke schneiden. Die Garnelen aus dem Panzer brechen und entdarmen, anschließend alles in Fischbrühe garen und in der frisch gekochten Senfsauce erhitzen.

Überbackene Heilbuttschnitten

500 g fest kochende Kartoffeln
1 große Salatgurke + 150 g Pfifferlinge
1 Knoblauchzehe + 2 EL Butter
Salz + Pfeffer aus der Mühle
1 Bund Frühlingszwiebeln
800 g weißes Heilbuttfilet
2 EL Holundersenf + Butter für die Form
250 g geriebener Gouda + 2 Bund Dill + 400 g Sahne
1 EL Holunderblütenessig (→ Seite 101) + 1 TL Zucker
100 g Bacon (dänischer Frühstücksspeck)

Zubereitungszeit 1 Stunde

1 Die Kartoffeln waschen und in wenig Wasser 20 Minuten garen, abgießen, pellen und in 2 Zentimeter große Würfel schneiden. Die Gurke schälen, halbieren und die Kerne mit einem Löffel entfernen. Die Gurke ebenfalls in 2 Zentimeter große Würfel schneiden. Die Pilze putzen. Den Knoblauch abziehen und durch die Presse drücken.

2 Die Butter erhitzen und die Pilze darin 2 Minuten schmoren. Knoblauch und Gurkenwürfel dazugeben und 2 Minuten erhitzen. Kartoffeln und Gurken-Pilz-Mischung verrühren und mit Salz und Pfeffer würzen. Den hellen Teil der Frühlingszwiebeln in feine Scheiben schneiden. Den Fisch waschen, trockenreiben und eine Seite mit dem Holundersenf bestreichen, dann in große Stücke schneiden.

3 Den Backofen auf 200 °C vorheizen. Eine weite feuerfeste Form mit Butter einfetten. Die Hälfte der Kartoffel-Gurken-Mischung und der Zwiebeln auf den Boden geben. Darüber den Fisch legen und mit der Hälfte des Käses bestreuen. Mit dem restlichen Gemüse und den Zwiebeln abdecken, wieder mit Käse bestreuen.

4 Für die Sauce den Dill waschen, trockentupfen und hacken. Die Sahne mit Holunderessig, Zucker, Dill, Salz und Pfeffer verrühren und über den Auflauf gießen. Darüber den Bacon legen und auf der mittleren Schiene im heißen Backofen 25 bis 30 Minuten backen.

Warme und kalte Desserts

Holunderblütenküchlein mit Holunder-Vanille-Schaum

Für die Küchlein

3 Eier + 1 Päckchen Vanillezucker
Etwas abgeriebene Zitronenschale
1 Msp. Zimt + 1 Msp. Salz + ½ l Milch
150 g Mehl + 2 EL flüssige Butter
12 Holunderblütendolden
Butterschmalz + Puderzucker

Für den Schaum

350 g Sahne + ¼ l Holundersaft
2–3 EL Zucker + 1 Päckchen Vanillezucker + 1 Päckchen Vanillesauce

Zubereitungszeit 1 Stunde

1 Die Eier trennen. Eiweiß steif schlagen und kühl stellen. Eigelb mit Vanillezucker, etwas Zitronenschale, Zimt und Salz schaumig rühren. Die Milch dazugeben, das Mehl darüber sieben und die Butter ebenfalls dazugeben. Alles zu einem glatten Teig verarbeiten und 30 Minuten bei Zimmertemperatur quellen lassen.

2 Den Eischnee unter den Teig heben. Die Blüten ausschütteln, verwelkte Blüten entfernen. In zwei Pfannen reichlich Butterschmalz erhitzen. Die Blütendolden zuerst durch den Teig ziehen, etwas abtropfen lassen und im heißen Fett goldbraun ausbacken. Die Küchlein auf Küchenpapier entfetten, dann im 100 °C heißen Backofen warm halten. Die fertigen Küchlein vor dem Anrichten mit Puderzucker bestäuben.

3 250 Gramm Sahne mit dem Holundersaft mischen und bis auf einen kleinen Rest mit Zucker und Vanillezucker zum Kochen bringen. Die restliche Flüssigkeit mit dem Saucenpulver glatt rühren und in die kochende Flüssigkeit einrühren. Die Sauce einmal aufkochen, dann etwas abkühlen lassen. Die restliche Sahne steif schlagen und unterheben. Den Holunder-Vanille-Schaum getrennt zu den Küchlein servieren.

Gefülltes Schaumomelett

6 Eier + 4 EL Puderzucker
1 Päckchen Vanillezucker
1 EL Mehl + 6 EL Milch
2 EL flüssige Butter
Butterschmalz zum Braten
2 EL eingekochte Preiselbeeren
2 EL Holundergelee
Puderzucker zum Bestäuben

Für 2 Personen
Zubereitungszeit 30 Minuten

1 Die Eier trennen. Eiweiß steif schlagen und kühl stellen. Eigelb mit Puderzucker und Vanillezucker schaumig rühren. Mehl, Milch und Butter einrühren und 15 Minuten bei Zimmertemperatur quellen lassen.

2 Den Eischnee vorsichtig unter den Teig heben. In einer großen Pfanne etwas Butterschmalz erhitzen und die Hälfte des Teigs einfüllen. Die Pfanne abdecken und das Omelett so lange backen, bis die Unterseite goldgelb ist.

3 Die Preiselbeeren mit dem Holundergelee verrühren und die Hälfte davon auf eine Hälfte des Schaumomeletts verteilen. Die andere Hälfte darüber klappen und mit etwas Puderzucker bestäuben. Das zweite Omelett auf die gleiche Weise herstellen.

Süße Holundersuppe mit Klößchen

Für die Suppe

750 g Holunderbeeren + 1 Apfel
1 Birne + 1 Zimtstange + 1 Sternanis
1 Nelke + 1 Stück Zitronenschale
2–4 EL Zucker + 2 TL Speisestärke
2 EL kalte Milch + Etwas Zitronensaft

Für die Klößchen

150 ml Milch + 3 TL Grieß
1 EL Zucker + 1 Msp. Salz
Etwas abgeriebene Zitronenschale
1 Eigelb + 1 TL Salz

Zubereitungszeit 55 Minuten

1 Die Holunderbeeren von den Stielen zupfen, alle hellvioletten und grünen Beeren entfernen. Holunder waschen und abtropfen lassen. Apfel und Birne vierteln, entkernen und klein schneiden.

2 Holunderbeeren mit Apfel- und Birnenwürfeln, Zimt, Sternanis, Nelke und Zitronenschale in 1 Liter Wasser zum Kochen bringen und bei milder Hitze 30 Minuten garen. Feste Gewürze entfernen und alles durch ein feines Sieb streichen. Den Fruchtsaft mit dem Zucker zum Kochen bringen. Speisestärke mit kalter Milch glatt rühren und den Saft damit leicht andicken. Dann mit etwas Zitronensaft abschmecken.

3 Für die Klößchen die Milch zum Kochen bringen. Den Grieß dazugeben und bei milder Hitze 3 Minuten ausquellen lassen. Den Grieß mit Zucker, Salz und Zitronenschale abschmecken. Mit dem Eigelb verrühren und leicht abkühlen lassen. 1/2 Liter Wasser mit Salz zum Kochen bringen. Mit zwei in heißes Wasser getauchten Teelöffeln kleine Klößchen abstechen und in dem siedenden Wasser 3 bis 5 Minuten gar ziehen lassen. Die Suppe mit den Klößchen kann sowohl kalt als auch warm serviert werden.

Überbackene Crêpes

Für die Crêpes

150 g Mehl + 4 Eier + 1 EL Zucker
1 Päckchen Vanillezucker
1 Msp. Salz + 2 EL flüssige Butter
350 ml Milch + Butterschmalz zum Braten

Für die Füllung

75 g Butter + 4 EL Zucker
Etwas abgeriebene Zitronenschale
2 EL Zitronensaft + 2 Eier
250 g Magerquark + 1 EL Speisestärke
1 Packung Rumrosinen (Fertigprodukt)
8 EL Holunder-Orangen-Konfitüre (→ Seite 98)
Butter für die Form

Außerdem

2 Eigelb + 100 g Sahne + 1 Päckchen Vanillezucker

Zubereitungszeit 40 Minuten

1 Das Mehl mit den Eiern, Zucker, Vanillezucker, Salz, Butter und Milch glatt rühren. Den Teig bei Zimmertemperatur 30 Minuten quellen lassen. Dann etwas Butterschmalz in einer Pfanne erhitzen und nacheinander acht dünne Crêpes backen. Die Crêpes übereinander legen.

2 Die Butter mit dem Zucker schaumig rühren, Zitronenschale und -saft dazugeben. Die Eier trennen. Eiweiß steif schlagen, Eigelb mit Quark und Speisestärke zur Butter-Zucker-Masse geben und alles gut verrühren. Die Rumrosinen dazugeben und den Eischnee unterheben.

3 Jede Crêpe mit 1 Esslöffel Holunderkonfitüre und etwas Quark bestreichen und aufrollen. Eine feuerfeste Form mit Butter einfetten und die aufgerollten Crêpes mit der Naht nach unten in die Form legen. Den Backofen auf 180 °C vorheizen. Die Eigelbe mit der Sahne und dem Vanillezucker verrühren und über die Crêpes gießen. Im heißen Ofen 25 bis 30 Minuten überbacken.

Holunder-Weinschaum-Sauce

Für das Kompott

2 Äpfel + 500 g Brombeeren
200 g Physalis + 75 g Zucker
2 EL Honig + 2 EL Butter
100 g Sahne + 2 EL Holunderlikör

Für den Weinschaum

1/4 l Holunderwein
2–3 EL Zucker + 2 EL Zitronensaft
1/2 TL Speisestärke + 2 Eier + 2 Eigelb

Zubereitungszeit 40 Minuten

1 Die Äpfel vierteln, schälen, entkernen und würfeln. Die Brombeeren waschen und abtropfen lassen. Von den Physalis 4 Früchte beiseite legen, den Rest aus der Umhüllung nehmen, waschen und ebenfalls abtropfen lassen.

2 Den Zucker in einer Pfanne zu hellem Karamell schmelzen. Honig, Butter und Sahne dazugeben und so lange erhitzen, bis sich der Karamell gelöst hat. Die Äpfel in die Pfanne geben und unter Rühren in dem Karamell 3 bis 4 Minuten garen. Dann die Brombeeren, die Physalis und den Holunderlikör einrühren und beiseite stellen.

3 Für den Weinschaum den Holunderwein mit Zucker, Zitronensaft, Speisestärke, den Eiern und den Eigelben in einem Schneekessel oder einem mittelgroßen Topf im Wasserbad so lange mit dem elektrischen Handrührgerät aufschlagen, bis die Masse cremig und sehr schaumig ist. Den Weinschaum in weiten Schalen sofort anrichten, das Kompott darüber geben und mit jeweils 1 Physalis garnieren.

Tipp

Cremige Massen mit Ei werden am besten in einem Schneekessel, einer feuerfesten Schüssel oder in einem Topf im Wasserbad aufgeschlagen, damit das Ei nicht gerinnt.

Bratäpfel mit Marzipancreme

4 Äpfel (z. B. Boskop)
4–5 EL flüssige Butter + 5 EL Puderzucker
40 g ungesalzene Pistazien + 40 g Mandelstifte
200 g Marzipanrohmasse + 6 TL Holundergelee + 2 EL Holunderlikör
200 g Sahne + 2 Eier
Etwas abgeriebene Zitronenschale
1 Päckchen Vanillezucker
Etwas Holundersirup (→ Seite 96)

Zubereitungszeit 45 Minuten

1 Die Äpfel waschen und mit einem Ausstecher das Kerngehäuse entfernen, dabei einen Boden stehen lassen. Die Öffnungen für die Füllung etwas vergrößern. Die Äpfel von außen mit Butter bestreichen. Eine feuerfeste Form mit Butter einfetten und die Äpfel hineinsetzen.

2 Den Puderzucker in einer Pfanne zu einem hellen Karamell schmelzen. Pistazien und Mandelstifte einrühren. Die Nussmasse auf einem Teller abkühlen lassen, dann zwischen Gefrierbeuteln mit einer Kuchenrolle zerkleinern. Knapp die Hälfte der Marzipanrohmasse mit dem Nusskrokant, 3 Teelöffel Holundergelee, 1 Esslöffel Holunderlikör und etwa 75 Gramm Sahne mischen.

3 Das restliche Holundergelee und die Marzipan-Nuss-Masse in die Äpfel füllen. Den Backofen auf 180 °C vorheizen. Die Eier trennen. Die Eigelbe mit der restlichen Marzipanrohmasse, der restlichen Sahne, etwas Zitronenschale, dem restlichen Holunderlikör und dem Vanillezucker glatt rühren. Eiweiß steif schlagen und unterheben. Die Sauce über die Äpfel gießen und alles 30 bis 35 Minuten auf der mittleren Schiene im heißen Backofen überbacken. Mit etwas Holundersirup begießen.

Tipp

Nicht viel Zeit? Dann verwenden Sie eingelegte Birnen oder Pfirsiche. Die Garzeit reduziert sich dann um 10 bis 15 Minuten.

Marzipanmousse mit Mango- und Holundersauce

Für die Mousse

4 Blatt rote Gelatine + 1/8 l Milch
2 EL Mandellikör + 3 EL Zucker
1 Päckchen Vanillezucker
200 g Marzipanrohmasse
1 Eigelb + 250 g Sahne

Für die Saucen

2 reife Mangos + 2 EL Zitronensaft
1 EL Puderzucker
4 EL Holunder-Fruchtaufstrich
2 EL Holunderlikör
Pfefferminzblätter zum Garnieren

Zubereitungszeit 40 Minuten

1 Für die Mousse die Gelatine 10 Minuten in kaltem Wasser einweichen. Milch, Mandellikör, Zucker und Vanillezucker zum Kochen bringen. Die Marzipanrohmasse in die heiße Milch reiben und so lange rühren, bis eine glatte Creme entstanden ist. Das Eigelb dazugeben. Die Gelatine gut ausdrücken und in die heiße, aber nicht mehr kochende Creme einrühren und kühl stellen. Die Sahne steif schlagen. Sobald die Marzipancreme abgekühlt, aber noch nicht fest geworden ist, die Sahne unterheben und etwa 3 Stunden kühl stellen.

2 Für die Saucen die Mangos schälen und das Fruchtfleisch vom Stein schneiden. Mit Zitronensaft und Puderzucker pürieren. Die Holunderzubereitung mit dem Holunderlikör verrühren.

3 Die beiden Saucen auf Desserttellern verteilen und ein Holzspießchen durch beide Saucen ziehen, um dadurch ein hübsches Muster zu erzeugen. Mit einem Esslöffel von der Mousse Nocken abstechen und auf dem Saucenspiegel anrichten. Mit einigen Pfefferminzblättern dekorieren.

Mohnmousse mit Brombeerkompott

Für die Mousse

500 g Sahne + 1/4 l Milch
1 Päckchen Vanillepuddingpulver
6 EL Zucker + 1 Msp. Salz
1 Päckchen Vanillezucker
75 g gemahlener Mohn

Für das Kompott

1 Apfel + 2 EL Butter
Etwas Zimtzucker + 500 g Brombeeren
1/4 l Holundersaft + 2–4 EL Zucker
1 EL Speisestärke + 2 EL Holunderbrand

Zubereitungszeit 35 Minuten

1 Die Hälfte der Sahne steif schlagen und kühl stellen. Den Rest mit der Milch mischen. Das Puddingpulver mit etwas kalter Milch glatt rühren, den Rest zum Kochen bringen und das Puddingpulver einrühren, einmal aufkochen lassen. Den Pudding mit 4 Esslöffel Zucker, Salz, Vanillezucker und gemahlenem Mohn mischen. Die Oberfläche mit dem restlichen Zucker bestreuen, damit sich keine Haut bildet. Den Pudding abgedeckt 4 Stunden kühl stellen.

2 Den Apfel vierteln, entkernen, schälen und würfeln. Die Butter erhitzen und die Apfelwürfel darin bissfest garen, dann mit etwas Zimtzucker bestreuen. Die Brombeeren waschen und gut abtropfen lassen. Den Holundersaft zum Kochen bringen und mit Zucker süßen.

3 Die Speisestärke mit etwas kaltem Wasser glatt rühren und den Saft damit binden. Die Brombeeren und den Holunderbrand einrühren. Die steif geschlagene Sahne unter den Pudding heben. Das Kompott 4 Stunden kühl stellen. Auf jeden Teller am Rand ein paar Apfelwürfel verteilen, das Kompott in die Mitte geben. Von der Mohnmousse mit einem Esslöffel Nocken abstechen und auf die Brombeeren setzen.

Holundermichel

5 altbackene Mohnbrötchen
400 ml Milch + 125 g Butter
125 g Zucker + 1 Päckchen Vanillezucker
4 Eier + 100 g Mandelblättchen
50 g gehackte Haselnüsse + Butter für die Form
300 g Holunder-Apfel-Konfitüre (→ Seite 100)
Einige Butterflöckchen

Außerdem

500 g Sauerkirschen (frisch oder aus dem Glas)
1/8 l Holunderwein + 3–4 EL Zucker
1 Zimtstange + 1 TL Speisestärke

Zubereitungszeit 50 Minuten

1 Die Brötchen in dünne Scheiben schneiden und mit der Milch begießen. Die Butter mit Zucker und Vanillezucker schaumig rühren. Die Eier trennen. Eiweiß steif schlagen. Eigelb nach und nach zur Butter-Zucker-Masse geben und so lange rühren, bis sich der Zucker aufgelöst hat.

2 Die Mandelblättchen bis auf 2 Esslöffel und alle Haselnüsse zur Butter-Zucker-Masse geben und unterrühren. Die eingeweichten Brötchen mit der Masse gut verrühren, dann den Eischnee unterheben. Den Backofen auf 200 °C vorheizen. Eine feuerfeste Form mit etwas Butter einfetten. Die Brötchenmasse abwechselnd mit der Holunderkonfitüre in die Form schichten, mit den restlichen Mandelblättchen und den Butterflöckchen bestreuen. Den Holundermichel im heißen Backofen auf der mittleren Schiene 40 bis 50 Minuten backen.

3 Für die Sauce frische Kirschen waschen, entstielen und entkernen. Eingemachte Kirschen abgießen und den Saft auffangen. Gut 1/4 Liter Wasser oder Kirschsaft mit dem Holunderwein, Zucker und der Zimtstange zum Kochen bringen. Frische Kirschen 3 Minuten mitkochen. Die Speisestärke in etwas kaltem Wasser glatt rühren und den Saft damit leicht binden. Eingemachte Kirschen hinzufügen und einmal aufkochen lassen. Die Sauce kalt oder warm zum Holundermichel reichen.

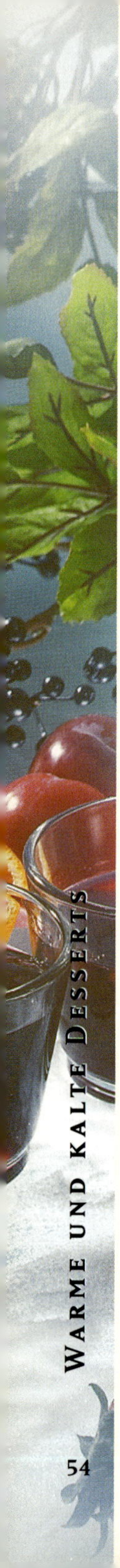

Joghurt-Holunder-Sahne

6 Blatt rote Gelatine
3 Eigelb + 100 g Zucker
300 g Joghurt + 2 EL Zitronensaft
300 g Holunder-Apfel-Konfitüre (→ Seite 100)
600 g Sahne + 1 Päckchen Vanillezucker
7 TL eingekochte Preiselbeeren
12 Brombeeren + 12 dunkle Schokoladen-blätter (Fertigprodukt)
Etwas Puderzucker zum Bestäuben

Zubereitungszeit 1 Stunde

1 Die Gelatine 10 Minuten in kaltem Wasser einweichen. Die Eigelbe mit dem Zucker in einem Schneekessel im Wasserbad schaumig rühren. Joghurt und Zitronensaft hinzufügen und erhitzen. Die Gelatine gut ausdrücken und in der Creme auflösen. Den Schneekessel in ein Gefäß mit Eiswasser stellen und die Creme kaltschlagen.

2 Eine Rehrückenform oder eine Königskuchenform mit Frischhaltefolie auskleiden. Bevor die Creme zu gelieren beginnt, die Holunderkonfitüre einrühren. Die Sahne mit dem Vanillezucker steif schlagen. Etwa 100 Gramm in einen Spritzbeutel füllen und kühl stellen. Die restliche Sahne unter die Creme heben und in die vorbereitete Form gießen.

3 Die Joghurt-Sahne-Creme 6 Stunden kühl stellen. Die Creme mit Hilfe der Folie aus der Form heben und auf eine Platte stürzen. Anschließend mit der zurückgelegten Sahne Tupfen aufspritzen und mit Preiselbeeren, Brombeeren und Schokoladenblättern garnieren. Vor dem Anrichten das Dessert mit etwas Puderzucker bestäuben.

Tipp

Dieses Dessert schmeckt auch mit 250 Gramm Quark (20% Fett). Den Quark nicht erwärmen, sondern unter die abgekühlte Eiercreme rühren. Die Gelatine in 2 Esslöffel Holunderlikör auflösen und untermischen. 3 Eiweiß steif schlagen und vor Zugabe der Sahne unterheben.

Katalanische Creme auf Holunderbaiser

Für die Fruchtzubereitung

1 Birne + 1/2 Tasse Holundersaft
200 g Holunder-Orangen-Konfitüre (→ Seite 98)
2 EL eingekochte Preiselbeeren
2 EL frisch gepresster Orangensaft
1–2 EL Zitronensaft + 2 EL Holunderbrand
50 g Baiser (Fertigprodukt)

Für die Creme

300 g Sahne + 300 ml Milch
1 Msp. Salz + 100 g Puderzucker
9 Eigelb + 2 Päckchen Vanillezucker
Etwas abgeriebene Orangenschale
1 TL Speisestärke + 4 EL Zucker

Zubereitungszeit 45 Minuten

1 Die Birne vierteln, schälen, entkernen und würfeln. In dem Holundersaft bissfest garen. Die Birnenwürfel mit Holunderkonfitüre, Preiselbeeren, Orangensaft, Zitronensaft und Holunderbrand mischen. Nach Bedarf noch etwas gekochten Holundersaft dazugeben. Die Baisers grob zerdrücken und mit der Fruchtzubereitung vermengen. Die Fruchtzubereitung auf vier feuerfeste Schalen verteilen.

2 Die Sahne mit der Milch und dem Salz zum Kochen bringen. Den Puderzucker sieben und mit den Eigelben schaumig rühren. Vanillezucker, etwas Orangenschale und die Speisestärke einrühren. Die Masse in die heiße Sahnemilch gießen und unter Rühren langsam erhitzen, aber nicht kochen lassen. Sobald die Masse dicklich ist, sofort in eine kalte Schüssel umfüllen, damit die Eiercreme nicht gerinnt. Die Masse abgekühlt auf die vier Schalen verteilen. Die Creme mit Frischhaltefolie abdecken und 2 Stunden kühl stellen. Vor dem Anrichten den Zucker über die Creme streuen und unter dem heißen Grill karamellisieren.

Bayerische Holundercreme

Für die Creme

4 Blatt rote Gelatine + 4 Eigelb
75 g Zucker + 1 Päckchen Vanillezucker
2 EL Holunderlikör + 4 EL Holunder-Orangen-Konfitüre (→ Seite 98) + 250 g Sahne

Für die Saucen

8 EL Holunder-Orangen-Konfitüre (→ Seite 98)
2 EL Holunderbrand + 1 EL Zitronensaft
100 g Sahne

Außerdem

40 g Zartbitterschokolade

Zubereitungszeit 45 Minuten

1 Die Gelatine 10 Minuten in kaltem Wasser einweichen. Die Eigelbe mit Zucker und Vanillezucker im Wasserbad schaumig aufschlagen. Die Gelatine gut ausdrücken und in dem Holunderlikör auflösen, dann unter den Eischaum mischen und die Holunderkonfitüre unterziehen. Die Schüssel in ein Gefäß mit Eiswasser stellen und die Creme so lange kaltschlagen, bis sie dicklich ist. Die Sahne steif schlagen und unter die Creme heben. Den Holunderschaum in vier kleine Schälchen füllen und 6 Stunden im Kühlschrank fest werden lassen.

2 Für die Saucen von der Holunderkonfitüre 3 Esslöffel abnehmen und mit dem Holunderbrand und dem Zitronensaft verrühren. Die Sahne steif schlagen und unter die restliche Holunderkonfitüre heben. Die beiden Saucen schneckenförmig auf Desserttellern verteilen. Die Förmchen kurz in heißes Wasser tauchen und am Rand mit einem Messer entlangfahren. Anschließend auf die Teller stürzen.

3 Die Schokolade bei milder Hitze verflüssigen. Zwei Bogen Butterbrotpapier zu einer Tüte formen, die Schokolade einfüllen und unten eine kleine Spitze abschneiden. Mit der flüssigen Schokolade ein gitterförmiges Muster auf die Creme spritzen.

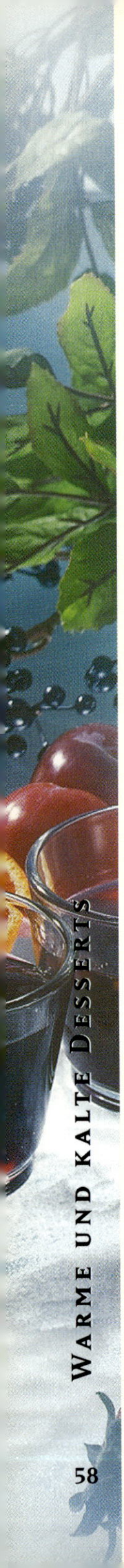

Quittenkompott mit Mascarpone

Für das Kompott

4 Blatt rote Gelatine + 3 Quitten
1/2 l Holundersaft + 1 Zimtstange
1 Päckchen Vanillezucker + 75 g Zucker
Etwas abgeriebene Zitronenschale
2 EL Zitronensaft + 2 EL Holunderbrand

Für die Creme

200 g Mascarpone + 2 EL Zitronensaft
5 EL Zucker + 200 g Sahne
2 Päckchen Vanillezucker
1 Päckchen Sahnesteif
100 g Florentiner (Fertigprodukt)
2 EL Holunderbrand + Etwas Holunderlikör

Zubereitungszeit 1 Stunde

1 Die Gelatine 10 Minuten in kaltem Wasser einweichen. Die Quitten vierteln, schälen, entkernen und würfeln. Die Quittenwürfel in dem Holundersaft mit Zimt und Vanillezucker, Zucker, Zitronenschale und Zitronensaft garen. Die Früchte dürfen nicht zerfallen. Die Zimtstange entfernen. Die Gelatine gut ausdrücken und in dem heißen Saft auflösen, dann den Holunderbrand einrühren und kühl stellen.

2 Für die Creme den Mascarpone mit Zitronensaft und Zucker verrühren. Die Sahne mit dem Vanillezucker und dem Sahnesteif steif schlagen. Die Hälfte der Sahne unter den Mascarpone rühren. Die Florentiner zwischen Gefrierbeuteln mit einer Kuchenrolle zerkleinern und unter die Creme geben. Die restliche Sahne mit dem Holunderbrand unterheben.

3 Das abgekühlte Kompott abwechselnd mit der Mascarponecreme und der Sahne in vier Glasschalen füllen und 4 Stunden kühl stellen. Vor dem Anrichten etwas Holunderlikör über das Dessert träufeln.

Holunderschaum mit Pfefferminzsauce

Für den Schaum

1/4 l Holundersaft + 6 Blatt rote Gelatine
4 Eier + 6 EL Zucker + 4 EL Holunderwein

Für die Sauce

350 g Sahne + 2 EL getrocknete Pfefferminzblätter (Tee) + 3 Eigelb + 50 g Puderzucker
2 EL Honig + 1 Msp. Salz + 2 EL Pfefferminzlikör

Zubereitungszeit 1 Stunde

1 Den Holundersaft um die Hälfte einkochen und abkühlen lassen. Die Gelatine 10 Minuten in kaltem Wasser einweichen. Die Eier trennen. Die Eigelbe mit der Hälfte des Zuckers im Schneekessel im Wasserbad schaumig rühren. Den Schneekessel anschließend in eine Schüssel mit Eiswasser stellen und den abgekühlten Saft einrühren.

2 Die Gelatine gut ausdrücken und in dem Wein verflüssigen. Mit der Ei-Saft-Mischung verrühren. Die Eiweiße mit dem restlichen Zucker steif schlagen und unter die abgekühlte Masse heben. Den Schaum in eine Schüssel füllen und 2 Stunden kühl stellen.

3 Für die Sauce 250 Gramm Sahne mit den Pfefferminzblättern zum Kochen bringen. Abgedeckt 5 Minuten ziehen lassen, dann durch ein Sieb in einen Topf gießen. Die Eigelbe mit dem gesiebten Puderzucker, Honig und Salz schaumig rühren. Die Eimasse mit der Pfefferminzsahne unter Rühren bei milder Hitze erwärmen, bis sie cremig ist. Anschließend sofort in eine Schüssel füllen, damit das Ei nicht gerinnt, und den Likör oder den Sirup unterrühren. Die Sauce abkühlen lassen.

4 Die restliche Sahne steif schlagen und unter die Sauce heben. Einen Saucenspiegel auf Dessertteller gießen. Mit einem Esslöffel von dem Holunderschaum Nocken abstechen, in die Sauce setzen und mit etwas Likör beträufeln.

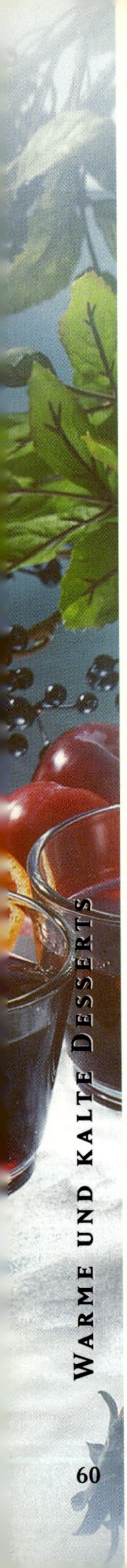

Holunderparfait mit Ananaspüree

Für das Parfait

2 Eier + 2 Eigelb
100 g Zucker + 1 Msp. Salz
2 EL Holunderbrand + 375 g Sahne

Für das Püree

1 reife Ananas + 200 g Zucker
Saft von 2 Zitronen
1/2 TL frisch gehackter Ingwer

Außerdem

3 EL Zucker + 2 EL Pinienkerne
2 EL ungesalzene Pistazien

Für 6 Personen
Zubereitungszeit 40 Minuten

1 Die Eier mit den Eigelben, Zucker und Salz im Schneekessel über einem Wasserbad cremig aufschlagen. Den Schneekessel in eine Schüssel mit Eiswasser stellen und kaltschlagen. Sobald die Masse dicklich geworden ist, den Holunderbrand einrühren. Die Sahne steif schlagen und unterheben. Die Parfaitmasse in sechs Förmchen füllen und abgedeckt im Tiefkühlgerät mindestens 6 Stunden kühl stellen.

2 Für das Püree die Ananas sorgfältig schälen, vierteln und den harten mittleren Strunk wegschneiden. Ein Viertel der Frucht in dünne Scheiben schneiden und abgedeckt kühl stellen. Die restlichen Ananasviertel würfeln und mit Zucker, Zitronensaft und Ingwer 10 Minuten kochen, dann pürieren.

3 Den Zucker in einer Pfanne zu hellem Karamell schmelzen, Pinienkerne und Pistazien einrühren, alles abkühlen lassen, dann grob zerkleinern. Das Ananaspüree auf vier Teller verteilen, das Parfait darauf stürzen, mit dem Krokant bestreuen und die Ananasscheiben dazulegen.

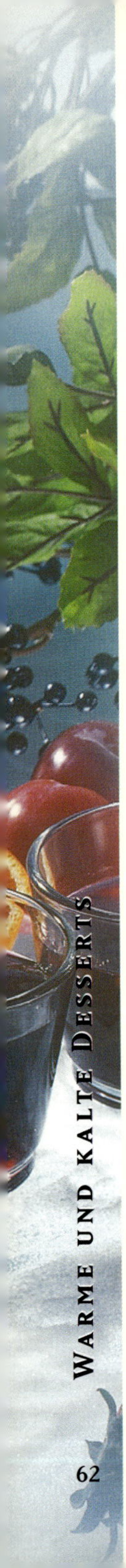

Früchtegelee mit Honigsauce

Für das Gelee

150 g Brombeeren + 150 g Himbeeren
1 TL Zucker + 500 g Holunderbeeren
6 Blatt rote Gelatine
100 ml Holunderwein
75 g Zucker + Saft von 1 Zitrone
Etwas Puderzucker zum Bestäuben

Für die Sauce

2 EL Holundermark (→ Seite 95)
200 g Holunder-Apfel-Konfitüre (→ Seite 100)
50 g Zucker + 1 Apfel + 2 Msp. Zimt
5 EL Honig + Saft von 1 Zitrone

Zubereitungszeit 1 Stunde

1 Die Beeren verlesen, bei Bedarf waschen. Jeweils etwa 40 Gramm Brombeeren und Himbeeren beiseite legen, den Rest mit etwas Zucker bestreuen. Die Holunderbeeren abzupfen, hellviolette und grüne Beeren entfernen. Die Holunderbeeren mit 1/4 Liter Wasser 15 Minuten kochen, dann durch ein feines Sieb streichen. Die Gelatine 10 Minuten in kaltem Wasser einweichen. Den Holundersaft mit dem Holunderwein, Zucker und Zitronensaft zum Kochen bringen. Die Gelatine gut ausdrücken und in dem heißen, aber nicht kochenden Saft auflösen. Die Holunderzubereitung abkühlen, aber nicht gelieren lassen, dann in vier hübsche Förmchen gießen. Die gezuckerten Früchte hineinlegen und abgedeckt im Kühlschrank in 6 Stunden fest werden lassen.

2 Für die Sauce das Holundermark mit der Holunderkonfitüre und dem Zucker zum Kochen bringen. Den Apfel vierteln, schälen, entkernen und klein schneiden. In der heißen Fruchtzubereitung weich kochen. Zimt, Honig und Zitronensaft einrühren und mit dem Pürierstab schaumig schlagen. Die Sauce zum Abkühlen beiseite stellen. Etwas Sauce auf Desserttellern verteilen. Die Förmchen kurz in heißes Wasser tauchen und auf die Teller stürzen. Mit den zurückgelegten Früchten und etwas Puderzucker garnieren.

Holunder-Grießschaum

$^{1}/_{2}$ l Holundersaft + 5 TL Zucker
5 EL Hartweizengrieß
1–2 EL Zitronensaft

Außerdem

4 EL eingekochte Preiselbeeren
4 Keksröllchen

Zubereitungszeit 25 Minuten

1 Den Holundersaft mit dem Zucker zum Kochen bringen. Den Grieß einstreuen, einmal aufkochen lassen und abgedeckt beiseite stellen.

2 Den Grießbrei mit dem elektrischen Handrührgerät in 8 bis 10 Minuten sehr schaumig schlagen und in Dessertschälchen füllen. Das fruchtige Dessert mit jeweils einem Klecks Preiselbeeren und einem Keksröllchen garnieren und sofort anrichten.

Holunder-Granité

$^{1}/_{2}$ l Holundersaft + 250 g Zucker
Etwas Zimt + Saft von 1 Zitrone
$^{1}/_{4}$ l trockener Sekt

Zubereitungszeit 15 Minuten

1 Den Holundersaft mit Zucker, etwas Zimt und dem Zitronensaft erhitzen und 5 Minuten sprudelnd kochen. Den Saft abkühlen lassen und mit dem Sekt mischen.

2 Die Saft-Sekt-Mischung in eine flache Schale gießen und im Tiefkühlgerät in etwa 6 Stunden fest werden lassen. Dazwischen alle 30 Minuten die gefrorenen Kristalle in die Mitte der Schale schieben.

Kuchen und Torten

Apfelmuffins mit Holunderglasur

Für die Muffins

4 Eier + 125 g Zucker
1 Päckchen Vanillezucker
Etwas abgeriebene Zitronenschale
1/2 TL Zimt + 1 Msp. Salz
200 g geriebene Haselnüsse
1 EL Mehl + 1/2 TL Backpulver + 1 fester Apfel
Eventuell Butter für die Förmchen

Für den Guss

1/4 l Holundersaft + 1 Päckchen roter Tortenguss
1/2 kleiner, fester Apfel + Etwas Zitronensaft

Zubereitungszeit 30 Minuten

1 Die Eier trennen. Die Eigelbe mit Zucker, Vanillezucker, Zitronenschale und Zimt cremig aufschlagen. Die Eiweiße mit etwas Salz steif schlagen.

2 Die Haselnüsse mit Mehl und Backpulver mischen und unter die Eigelb-Zucker-Masse rühren. Den Apfel schälen, entkernen und grob raspeln. Mit der Nussmasse mischen und nach und nach den Eischnee unterheben.

3 Den Backofen auf 190 °C vorheizen. Ein Muffinblech für zwölf Stück mit Papierhüllen bestücken oder mit weicher Butter einfetten. Den Teig einfüllen und die Muffins auf der mittleren Schiene 25 bis 30 Minuten backen.

4 Mit dem Holundersaft und dem Tortenguss nach Packungsaufschrift einen Guss herstellen und die abgekühlten Muffins damit bestreichen. Den halben Apfel vierteln und in zwölf dünne Scheiben hobeln, mit Zitronensaft beträufeln. Die Muffins mit den Apfelspalten garnieren, bevor der Guss fest wird.

Walnuss-Birnen-Törtchen

180 g Butter + 100 g Zucker
1 Msp. Salz + 1 TL Lebkuchengewürz
50 g gehackte Walnüsse
80 g Speisestärke + 100 g saure Sahne
80 g Mehl + 1 TL Backpulver
Eventuell Butter für die Förmchen
3 Birnen + 5 EL Holundergelee
3 EL brauner Zucker
3 EL Zitronensaft + 6 EL Puderzucker

Zubereitungszeit 50 Minuten

1 Die Butter leicht bräunen und vorsichtig ohne Bodensatz in eine Schüssel gießen. Den Backofen auf 200 °C vorheizen. Die abgekühlte, aber noch flüssige Butter mit Zucker, Salz und Lebkuchengewürz schaumig rühren. Walnüsse, Speisestärke und saure Sahne einrühren.

2 Das Mehl mit dem Backpulver über den Teig sieben und unterrühren. Ein Muffinblech für zwölf Stück mit Papierhüllen bestücken oder mit Butter einfetten. Die Birnen waschen, vierteln und entkernen. Dann in schmale Spalten schneiden.

3 Die Birnenspalten kreisförmig in den Teig drücken. Die Törtchen auf der mittleren Schiene 25 bis 30 Minuten backen. Das Holundergelee mit dem braunen Zucker und 1 Esslöffel Zitronensaft erhitzen. Den restlichen Zitronensaft mit dem gesiebten Puderzucker cremig rühren.

4 Jeweils zwei Bogen Butterbrotpapier zu einer Tüte formen und die eine mit Holundergelee und die andere mit Zitronenguss füllen. Die Spitzen unten ein wenig abschneiden. Die Törtchen mit einem bunten Streifenmuster garnieren.

Tipp

Wenn Sie Dosenbirnen verwenden, müssen diese gut abtropfen und zwischen Küchenpapier trockengetupft werden.

Quarktörtchen

60 g Puderzucker + 60 g Butter
2 Eier + 1 Msp. Salz
125 g Mehl + 60 g Speisestärke
Butter für die Förmchen
12 TL gemahlene Mandeln
4 TL Holundermark (→ Seite 95)
8 TL Holundergelee + 2 EL Honig
250 g Quark (20 %), abgetropft
1 EL Zitronensaft + 4 EL gemahlene Mandeln
Puderzucker zum Bestäuben

Zubereitungszeit 45 Minuten

1 Den Puderzucker mit der Butter schaumig rühren. 1 Ei, Salz, Mehl und 50 Gramm Speisestärke dazugeben und alles zu einem glatten Teig verarbeiten. Zwölf Torteletttförmchen mit Butter einfetten. Den Teig in zwölf Stücke teilen und in die Förmchen drücken. 1 Stunde kalt stellen.

2 Den Backofen auf 200 °C vorheizen. Torteletts mit Papier auslegen und mit Hülsenfrüchten füllen. Auf der mittleren Schiene 10 Minuten vorbacken. Hülsenfrüchte und Papier entfernen, abkühlen lassen.

3 Auf den Boden jedes Törtchens 1 Teelöffel gemahlene Mandeln streuen. Holundermark und Holundergelee verrühren und jeweils 1 Teelöffel in die Törtchen setzen. Das restliche Ei trennen. Eiweiß steif schlagen. Eigelb mit Honig, Quark, restlicher Speisestärke, Zitronensaft und gemahlenen Mandeln verrühren. Den Eischnee unterheben. Den Quark auf die Törtchen verteilen und auf der mittleren Schiene bei 190 °C 20 bis 25 Minuten backen. Abgekühlt mit Puderzucker bestäuben und je nach Wunsch mit Gelee verzieren.

Tipp

Zum Blindbacken werden Hülsenfrüchte (Linsen, Erbsen, Bohnen) benötigt, damit die Törtchen ihre Form behalten. Die Hülsenfrüchte können immer wieder zum Blindbacken verwendet werden.

Gefüllte Mandeltörtchen

Für die Törtchen

200 g Marzipanrohmasse
100 g Zucker + 100 g Mandelblättchen
Etwas Sonnenblumenöl für die Förmchen

Für die Füllung

1/2 Glas Holunder-Fruchtaufstrich
2–3 EL Honig + 2 EL Zitronensaft
3 Blatt rote Gelatine + 200 g Sahne
3 EL gehackte Pistazien

Zubereitungszeit 1 Stunde

1 Die Marzipanrohmasse klein schneiden. Den Zucker in einer großen Pfanne zu hellem Karamell schmelzen. Zuerst das Marzipan einrühren, dann die Mandelblättchen dazugeben und alles zu einem glatten Teig verrühren. Die heiße Marzipanmasse auf Backpapier stürzen und etwas abkühlen lassen. Die Frischhaltefolie über die Marzipanmasse legen und dünn ausrollen. Zwei bis drei Kuchenförmchen mit wenig Öl einfetten.

2 Aus der warmen Marzipanmasse sechs bis acht Kreise mit 10 bis 12 Zentimeter Durchmesser ausstechen und sofort nacheinander etwa 1 Minute in die Förmchen drücken. Die Marzipanmasse aus den Formen lösen und den Boden glatt drücken, solange die Törtchen noch nicht vollständig ausgekühlt sind.

3 Den Holunder-Fruchtaufstrich mit dem Honig und dem Zitronensaft erhitzen. Die Gelatine in kaltem Wasser 10 Minuten einweichen, ausdrücken und in der heißen, aber nicht kochenden Holunderzubereitung durch Rühren auflösen.

4 Die Füllung abkühlen, aber nicht fest werden lassen. Die Sahne steif schlagen. 3 bis 4 Esslöffel Sahne in einen Spritzbeutel füllen und kühl stellen. Die restliche Sahne unter die Holunderzubereitung heben und in die Törtchen füllen. Die Füllung im Kühlschrank fest werden lassen. Die Törtchen mit Sahnetupfen und gehackten Pistazien dekorieren.

Holländische Holunderschnitten

450 g Tiefkühl-Blätterteig
1 Glas Holunder-Fruchtaufstrich
5 EL Holunderbrand
3 Blatt rote Gelatine
500 g Sahne + 60 g Zucker
2 EL Holundersaft
1 EL Zitronensaft
150 g Puderzucker

Zubereitungszeit 45 Minuten

1 Den Backofen auf 220 °C vorheizen. Den Blätterteig 10 Minuten antauen lassen. Die Platten übereinander legen und zwischen Frischhaltefolie 14 x 40 Zentimeter groß ausrollen.

2 Ein Backblech mit kaltem Wasser befeuchten. Das Blätterteigrechteck der Länge nach einmal durchschneiden. Die jeweils 7 Zentimeter breiten Platten auf das Backblech legen und auf der mittleren Schiene 12 bis 15 Minuten backen.

3 Die Blätterteigplatten auf einem Kuchengitter auskühlen lassen. Den Fruchtaufstrich mit 1 Esslöffel Holunderbrand verrühren. Die Gelatine in reichlich kaltem Wasser 10 Minuten einweichen. 1 Esslöffel Holunderbrand mit 1 Blatt gut ausgedrückter Gelatine in einem Topf verflüssigen, dann rasch unter den Holunderaufstrich rühren.

4 Die Sahne anschlagen, den Zucker langsam einrieseln lassen und steif schlagen. Die restliche Gelatine in 2 Esslöffel Holunderbrand verflüssigen und rasch unter die Sahne rühren. Den Fruchtaufstrich auf die Blätterteigplatte streichen und darüber die Sahne geben.

5 Den Holundersaft mit dem restlichen Holunderbrand, dem Zitronensaft und dem gesiebten Puderzucker cremig rühren. Die zweite Blätterteigplatte damit bestreichen und antrocknen lassen. Dann in sechs gleich große Stücke schneiden und auf die Sahne drücken. Im Kühlschrank 2 Stunden fest werden lassen.

Baiserbusserl

Für die Busserl

125 g Pinienkerne + 3 Eiweiß
125 g Puderzucker
Etwas Zitronensaft + 1 Msp. Salz
3 EL Mehl + 1 Msp. Backpulver
1/2 TL abgeriebene Zitronenschale

Für die Füllung

4 EL Holunder-Fruchtaufstrich
3 EL weiche Butter
Etwas abgeriebene Zitronenschale
3 EL Puderzucker
50 g weiße Kuvertüre

Zubereitungszeit 1 Stunde

1 Die Pinienkerne in einer fettfreien Pfanne leicht rösten und abkühlen lassen, dann fein reiben. Eiweiß halb steif schlagen, nach und nach den gesiebten Puderzucker dazugeben und mit Zitronensaft und Salz steif schlagen. Den Backofen auf 160 °C vorheizen. Ein Backblech mit Backpapier auslegen. Das Mehl mit dem Backpulver mischen und mit der abgeriebenen Zitronenschale und den gemahlenen Pinienkernen unter den Eischnee heben.

2 Die Baisermasse in einen Spritzbeutel mit glatter Tülle füllen und etwa 50 kleine Tupfen mit etwa 3 Zentimeter Durchmesser auf das Backpapier spritzen. Im Backofen auf der mittleren Schiene 15 bis 20 Minuten hell backen. Die Baisers auf einem Kuchengitter auskühlen lassen.

3 Für die Füllung den zimmerwarmen Fruchtaufstrich mit der Butter, der Zitronenschale und dem gesiebten Puderzucker glatt rühren, dann kühl stellen. Die Hälfte der Baisers mit dem Holunder-Fruchtaufstrich bestreichen, mit einem zweiten Baiser zusammensetzen und fest werden lassen. Die Kuvertüre klein hacken und im Wasserbad erwärmen. Zwei Gabeln in die Kuvertüre tauchen und die Busserl mit dünnen Kuvertürestreifen garnieren.

Gefüllte Berliner Pfannkuchen

Für die Pfannkuchen

600 g Mehl + 1 Würfel Hefe + 50 g Zucker
Etwa 1/4 l lauwarme Milch + 150 g weiche Butter
6 Eigelb + 1/2 TL Salz + 2 EL Rum
Etwas abgeriebene Zitronenschale
Butterschmalz zum Ausbacken

Für die Füllung

8 EL Holundergelee + 200 g Puderzucker
1 EL Zitronensaft + 2–3 EL Holundersaft

Zubereitungszeit 1 Stunde

1 Das Mehl in eine Schüssel sieben. Die Hefe in der Hälfte der lauwarmen Milch mit 1 Teelöffel Zucker verrühren und 10 Minuten ruhen lassen. Die Hefemilch mit der restlichen Milch, Zucker, Butter, Eigelben, Salz, Rum und Zitronenschale verrühren. Den Teig auf einem mit Mehl bestreuten Holzbrett 5 Minuten kneten. Anschließend in einer Schussel abgedeckt 45 Minuten an einem warmen Ort gehen lassen, bis sich sein Volumen verdoppelt hat.

2 Reichlich Butterschmalz in einer Fritteuse erhitzen. Mit leicht bemehlten Händen aus dem Teig 16 gleich große Berliner formen und nacheinander in dem heißen Fett ausbacken. Sobald die Unterseite goldgelb ist, die Berliner wenden. Auf Küchenpapier entfetten.

3 Das Holundergelee in einen Spritzbeutel mit langer, dünner Tülle geben und die Berliner damit füllen. Den gesiebten Puderzucker mit Zitronensaft und Holundersaft cremig rühren und die abgekühlten Berliner Pfannkuchen damit auf der Oberseite überziehen.

Tipp

Das Ausbackfett hat die richtige Temperatur erreicht, wenn an einem Holzstiel, den man ins Fett hält, kleine Bläschen nach oben steigen. In einer Fritteuse sollte das Fett 175 °C erreicht haben.

Windbeutel mit Holunderschmand

Für den Teig

60 g Butter + 175 g Mehl
1 EL Speisestärke
2 Msp. Backpulver + 4–5 Eier

Für die Füllung

5 Blatt rote Gelatine + 2 EL Holunderbrand
150 g Holunder-Apfel-Konfitüre (→ Seite 100)
100 g Schmand + 75 g Zucker
125 g Sahne + 1 Päckchen Vanillezucker
Puderzucker zum Bestäuben

Zubereitungszeit 45 Minuten

1 1/4 Liter Wasser mit der Butter zum Kochen bringen. Das Mehl mit der Speisestärke und dem Backpulver auf einmal dazugeben und so lange erhitzen, bis sich am Topfboden ein weißer Belag gebildet hat. Den Teig in eine Schüssel umfüllen und ein Ei nach dem anderen einrühren. Der Teig ist richtig, wenn er lange Spitzen bildet.

2 Den Backofen auf 200 °C vorheizen. Ein Backblech mit Backpapier auslegen. Mit einem Esslöffel 10 bis 12 Häufchen auf das Backblech setzen und auf der mittleren Schiene 20 bis 25 Minuten backen.

3 Für die Füllung die Gelatine 10 Minuten in kaltem Wasser einweichen. Die Gelatine gut ausdrücken und in dem Holunderbrand bei milder Hitze verflüssigen. Sofort mit Holunderkonfitüre, Schmand und Zucker mischen.

4 Die Sahne mit dem Vanillezucker steif schlagen und unter die Holunderzubereitung heben. Die Windbeutel sofort aus dem Backofen nehmen und mit einem scharfen Messer aufschneiden. Die abgekühlten Windbeutel mit der Holundercreme füllen und mit etwas Puderzucker bestäuben.

Biskuitrolle mit Holunder-Brombeer-Sahne

Für den Teig

8 Eigelb + 100 g Zucker
Etwas abgeriebene Orangenschale
1 Msp. Salz + 4 Eiweiß
8 EL Mehl + 2 EL Speisestärke
Zucker zum Bestreuen

Für die Füllung

4 Blatt rote Gelatine + 200 ml Holundersaft
75 g Zucker + 200 g Brombeeren
200 g Sahne + 1 Päckchen Vanillezucker
Puderzucker zum Bestäuben

Zubereitungszeit 40 Minuten

1 Die Eigelbe mit dem Zucker, der Orangenschale und dem Salz cremig rühren. Eiweiß steif schlagen und über die Eigelbmasse häufen. Den Backofen auf 210 °C vorheizen. Ein Backblech mit Backpapier auslegen. Mehl und Speisestärke über den Eischnee sieben und alles vorsichtig mischen. Den Teig auf das Backblech streichen und auf der mittleren Schiene 8 bis 10 Minuten backen. Ein Küchentuch mit Zucker bestreuen und den gebackenen Teig darauf stürzen. Das Papier abziehen und den Teig mit Hilfe des Tuchs aufrollen.

2 Für die Füllung die Gelatine 10 Minuten in kaltem Wasser einweichen. Den Holundersaft mit dem Zucker erhitzen und die ausgedrückte Gelatine darin auflösen. Die Brombeeren waschen, gut abtropfen lassen und in den heißen Saft legen. Abkühlen lassen.

3 Die Sahne mit dem Vanillezucker steif schlagen. Bevor der Holundersaft mit den Brombeeren zu gelieren beginnt, die Sahne unterheben. Den Biskuitteig vorsichtig aufrollen, die Creme darauf streichen und wieder aufrollen. Das Gebäck mit etwas Puderzucker bestäuben und mindestens 2 Stunden kühl stellen.

Gestürzte Quittentorte

Für den Teig

200 g Mehl + 125 g kalte Butter
1 Eigelb + 3 EL Puderzucker
1 Msp. Salz + 1 Msp. Zimt

Für den Belag

3 große Quitten + 1/2 l Quittensaft
oder Apfelsaft + 1 Sternanis
1 Zimtstange + 125 g Zucker
50 g Butter
40 g gehackte Pistazien
4–5 TL Holundergelee

Zubereitungszeit 45 Minuten

1 Das Mehl mit Butter, Eigelb, gesiebtem Puderzucker, Salz und Zimt rasch zu einem glatten Teig verkneten. Den Teig zu einem Fladen formen und in Frischhaltefolie 1 Stunde kühl stellen.

2 Die Quitten mit einem schweren Messer vierteln, entkernen und schälen. Die Quitten in dem Saft mit den Gewürzen 15 Minuten kochen. In dem Saft abkühlen lassen.

3 Den Zucker zu hellem Karamell schmelzen und langsam Butter und Pistazien einrühren. Diese Masse in eine runde feuerfeste Form mit einem Durchmesser von etwa 24 Zentimetern streichen.

4 Die Quitten abgießen und in Spalten schneiden. Quittenspalten in einem schönen Muster auf die Karamellmasse legen und in die Zwischenräume etwas Holundergelee verteilen.

5 Den Backofen auf 200 °C vorheizen. Den Teig zwischen Frischhaltefolie etwas größer als die Form ausrollen, auf die Quitten legen und die Ränder mit einem Löffel nach unten drücken. Im Backofen auf der mittleren Schiene 40 bis 50 Minuten backen. Sofort auf eine Kuchenplatte stürzen. Lauwarm mit geschlagener Sahne servieren.

Geeiste Frischkäsetorte

**4 Eier + 2 Msp. Salz + 200 g Puderzucker
2 EL Zitronensaft + 30 g Mandelblättchen
50 g Zucker + Etwas abgeriebene Zitronenschale + 400 g Doppelrahmfrischkäse
3 EL Holunderbrand + 250 g Sahne
6 EL Holunder-Fruchtaufstrich**

Zubereitungszeit 50 Minuten

1 Die Eier trennen. Eiweiß mit Salz halb steif schlagen. Nach und nach den gesiebten Puderzucker einrieseln lassen und mit 1 Teelöffel Zitronensaft steif schlagen. Dann die Mandelblättchen unterheben.

2 Den Backofen auf 100 °C vorheizen. Ein Blech mit Backpapier auslegen. Aus dem Eischnee zwei Böden mit etwa 20 Zentimeter Durchmesser auf das Blech streichen. Einen Boden glatt streichen, den anderen mit etwas mehr Eischnee unregelmäßig anhäufen. Die Böden im Ofen auf der mittleren Schiene in 2 Stunden trocknen lassen, ohne dass sie Farben annehmen. Nach 2 Stunden die Ofentür öffnen und die beiden Baiserböden bei offener Tür 30 Minuten nachtrocknen lassen.

3 Die Eigelbe mit Zucker im Wasserbad cremig aufschlagen. Den Schneekessel in eine Schüssel mit Eiswasser stellen und die Masse kaltschlagen. Restlichen Zitronensaft und -schale einrühren. Den Frischkäse durch ein feines Sieb zu der abgekühlten Masse streichen und unterrühren. Die Füllung mit 1 Esslöffel Holunderbrand aromatisieren.

4 Gut 200 Gramm Sahne steif schlagen und unter die Frischkäsemasse heben. Den glatten Baiserboden auf einen flachen Teller legen und mit 2 Esslöffel Holunder-Fruchtaufstrich und etwa einem Drittel der Creme bestreichen. Den gewölbten Boden darauf setzen, mit 2 Esslöffel Holunder-Fruchtaufstrich und rundherum mit Creme bestreichen. 3 bis 4 Stunden ins Tiefkühlgerät stellen. Restlichen Holunderbrand mit Sahne sowie restlichem Holunder-Fruchtaufstrich glatt rühren und kalt stellen. Die Torte 30 Minuten vor dem Servieren aus dem Tiefkühlgerät nehmen und mit der Holundersahne begießen.

Pfirsichtarte

250 g Tiefkühl-Blätterteig
100 g Marzipanrohmasse
6 EL gemahlene Pistazien
2 EL Puderzucker + 1 Glas oder 1 Dose
Pfirsichhälften (700–850 g)
6 EL Holundergelee
1 Päckchen heller Tortenguss

Zubereitungszeit 35 Minuten

1 Den Backofen auf 200 °C vorheizen. Den Blätterteig 10 Minuten antauen, dann zwischen Frischhaltefolie zu einem Boden mit etwa 28 Zentimeter Durchmesser ausrollen. Den Teig kurz ruhen lassen.

2 Die Marzipanrohmasse mit 2 Esslöffel Pistazien und dem Puderzucker verkneten, zu einer Kugel formen. Eine Tarteform mit kaltem Wasser ausspülen, den Blätterteig hineinlegen, dabei einen kleinen Rand formen. Das Marzipan mit einer groben Reibe auf den Teig raspeln.

3 Im Backofen auf der mittleren Schiene 20 bis 25 Minuten backen. Die Pfirsichhälften abgießen und den Saft dabei auffangen. Die Tarte auf einem Kuchengitter auskühlen lassen. Die Pfirsichhälften mit der runden Seite nach oben auf das Marzipan legen, die Zwischenräume mit Holundergelee ausfüllen. Mit dem Pfirsichsaft oder Wasser nach Packungsvorschrift einen Guss herstellen und über die Früchte löffeln. Die Tarte mit den restlichen Pistazien bestreuen.

Tipp

Für eine hübsche Dekoration 2 bis 3 Holunderblütendolden ausschütteln, welke Blüten entfernen. Aus 1 Ei, 6 bis 8 Esslöffel Milch, 3 Teelöffel Mehl und 1 Teelöffel Zucker einen flüssigen Teig herstellen. Die Blüten kurz hineintauchen, in erhitztem Butterschmalz goldgelb ausbacken, nach dem Abkühlen von den Stielen zupfen und mit Puderzucker bestäuben.

Pfauenaugen

Für den Teig

180 g Mehl + 20 g Speisestärke
75 g Puderzucker + 125 g kalte Butter
1 Msp. Salz + 1 kleines Ei
Etwas abgeriebene Orangenschale

Außerdem

100 g Holundergelee + 3 EL Puderzucker
Nonpareilles, Hagelzucker oder Puderzucker

Zubereitungszeit 50 Minuten

1 Mehl, Speisestärke und Puderzucker in eine Schüssel sieben. Die Butter in Flöckchen darüber setzen. Salz, Ei und Orangenschale dazugeben und alles rasch zu einem glatten Teig verarbeiten.

2 Den Teig zu einem flachen Fladen formen und in Frischhaltefolie 1 Stunde kühl stellen. Den Backofen auf 180 °C vorheizen. Zwei Backbleche mit Backpapier auslegen. Den Teig halbieren und zwischen Frischhaltefolie dünn ausrollen.

3 Aus der Teigplatte 18 bis 20 blütenförmige Plätzchen mit etwa 4 Zentimeter Durchmesser ausstechen. Auf das Backblech legen und im Backofen auf der mittleren Schiene in 10 bis 12 Minuten hell backen. Die Plätzchen auf einem Kuchengitter auskühlen lassen.

4 Den restlichen Teig ebenso ausrollen und die gleiche Menge Plätzchen ausstechen, jedoch auch die Mitte ausstechen, so dass Ringe entstehen. Auf die gleiche Weise backen und abkühlen lassen.

5 Das Gelee bei milder Hitze erwärmen und abkühlen, aber nicht fest werden lassen. Den Puderzucker sieben und mit etwas heißem Wasser glatt rühren. Die Plätzchenringe dünn mit Puderzucker bestreichen und sofort mit beliebigem Zucker dick bestreuen. Die runden Plätzchen mit Gelee bestreichen und die garnierten Ringe darauf setzen und leicht andrücken.

Apfelkuchen mit Holundercreme

180 g Mehl + 1 kleines Ei
100 g Butter + 60 g Puderzucker
Butter für die Form
200 ml Holundersaft + 200 g Sahne
1 Päckchen Vanillepuddingpulver
1 gehäufter EL Speisestärke
1 Päckchen Vanillezucker
5 EL Zucker + 1 Msp. Salz
2 Eigelb + 50 g Haselnüsse
4 EL Holunder-Fruchtaufstrich
1 Glas oder Becher Winterapfel

Zubereitungszeit 35 Minuten

1 Das Mehl mit Ei, Butter und Puderzucker zu einem glatten Teig verkneten. Eine Springform von etwa 26 Zentimeter Durchmesser mit Butter einfetten. Den Teig zwischen Frischhaltefolie ausrollen und in die Form legen, dabei einen knapp 3 Zentimeter hohen Rand formen. Die Form 1 Stunde kalt stellen.

2 Den Holundersaft mit der Sahne mischen. Das Puddingpulver mit der Speisestärke in etwas kalter Flüssigkeit anrühren, den Rest mit Vanillezucker, Zucker und Salz zum Kochen bringen. Puddingpulver einrühren und einmal aufkochen lassen. Danach die Eigelbe einrühren.

3 Den Backofen auf 200 °C vorheizen. Den Teigboden mit Butterbrotpapier auslegen und mit Hülsenfrüchten bestreuen. Im Backofen auf der mittleren Schiene 10 Minuten blindbacken. Hülsenfrüchte und Papier entfernen.

4 Die Haselnüsse in einer fettfreien Pfanne rösten. Die Hälfte der Nüsse fein reiben und auf den Teigboden streuen. Darüber die Hälfte des Holunder-Fruchtaufstrichs und die Äpfel geben. Mit dem restlichen Holunder-Fruchtaufstrich und der Creme abdecken. Restliche Nüsse grob hacken und über die Creme streuen. Die Torte im Backofen auf der mittleren Schiene bei 200 °C 50 bis 60 Minuten backen.

Birnentorte mit Marzipangitter

Für den Teig

200 g Mehl + 80 g kalte Butter
40 g Schweineschmalz + 1 Msp. Salz
4 EL Eiswasser + Butter für die Form

Für die Füllung

1 kg Birnen + Etwas Zitronensaft
4 EL gemahlene Mandeln
2 Eier + 200 g Marzipanroh-masse + 2 EL Puderzucker
4–5 EL Holundergelee

Zubereitungszeit 45 Minuten

1 Das Mehl mit der Butter, dem Schmalz und dem Salz mischen. Das Eiswasser (aus Eiswürfeln) dazugeben und alles zu einem glatten Teig verkneten. Eine Springform von 26 Zentimeter Durchmesser einfetten. Den Teig zwischen Frischhaltefolie ausrollen und in die Form legen. Dabei einen knapp 2 Zentimeter hohen Rand formen. Die Form 3 Stunden kühl stellen.

2 Die Birnen vierteln, schälen, entkernen und sehr grob raspeln. Sofort mit etwas Zitronensaft beträufeln. Den Backofen auf 190 °C vorheizen. Den Teigboden mit den gemahlenen Mandeln bestreuen. Die Birnen darüber geben und auf der mittleren Schiene 10 Minuten backen.

3 1 Ei trennen. Das Eigelb mit dem zweiten Ei, der Marzipanrohmasse und dem Puderzucker glatt rühren. Das Eiweiß leicht anschlagen. Die Makronenmasse in einen Spritzbeutel füllen und gitterförmig auf den Kuchen spritzen. Das Gitter mit Eiweiß bestreichen, damit es schön glänzt. Die Torte weitere 20 bis 30 Minuten backen.

4 Das Gelee etwas erwärmen und in einen Spritzbeutel mit glatter Tülle füllen. Die fertige Torte etwas abkühlen lassen. Das Holundergelee unregelmäßig zwischen das Gitter spritzen und vollständig abkühlen lassen.

Quitten-Holunder-Torte

Für den Teig

250 g weiche Butter + 250 g Zucker
4 Eier + 250 g Mehl + 1 TL Backpulver
Etwas abgeriebene Zitronenschale
Butter für die Form

Für die Füllung

2 Quitten + 50 g Puderzucker
1/8 l Quitten- oder Apfelsaft
1 Päckchen Vanillezucker
6 EL Holunder-Fruchtaufstrich
4 Eiweiß + 100 g Zucker + 2 Msp. Salz
2 EL Mandelblättchen

Zubereitungszeit 1 Stunde

1 Die Butter schaumig rühren. Den Zucker hinzufügen und einige Minuten weiterrühren. Abwechselnd die Eier und das Mehl mit dem Backpulver dazugeben. Dann den Teig mit Zitronenschale aromatisieren. Den Backofen auf 220 °C vorheizen. Eine Springform von 26 Zentimeter Durchmesser einfetten und die Hälfte des Teigs einfüllen. Im Ofen auf der mittleren Schiene 12 bis 15 Minuten backen. Den Boden auf einem Kuchengitter abkühlen lassen. Den restlichen Teig genauso backen.

2 Die Quitten vierteln, entkernen und schälen. Die Früchte in etwa 2 Zentimeter große Würfel schneiden. Den Zucker in einer großen Pfanne zu einem hellen Karamell schmelzen. Die Quittenwürfel, Saft und Vanillezucker hinzufügen und unter Rühren 8 bis 10 Minuten garen, bis die Flüssigkeit fast verdampft ist. Die Quitten abkühlen lassen.

3 Einen Boden auf eine Platte legen und mit den Quitten bestreichen. Den zweiten Boden darauf setzen und mit dem Holunder-Fruchtaufstrich bestreichen. Eiweiß halb steif schlagen. Zucker und Salz nach und nach einrieseln lassen und steif schlagen. Die Mandeln unterheben. Den Backofengrill einschalten. Den Eischnee wolkenähnlich auf der Torte verteilen und unter dem Grill einige Minuten überbräunen.

Holunder-Charlotte

4 Eigelb + 150 g Zucker + 1 Msp. Salz
1/2 TL abgeriebene Zitronenschale
3 Eiweiß + 5 EL Mehl + 5–7 EL Holunder-Apfel-Konfitüre (→ Seite 100)
5 Blatt weiße Gelatine + 1/8 l Holunderwein
2 Msp. Zimt + 1 großer Apfel + 125 g Joghurt
200 g Sahne + 4 EL Apfelgelee

Zubereitungszeit 50 Minuten

1 Den Backofen auf 220 °C vorheizen. Ein Backblech mit Backpapier auslegen. Die Eigelbe mit 50 Gramm Zucker, Salz und Zitronenschale schaumig rühren. Eiweiß steif schlagen und auf die Eigelbmasse geben. Das Mehl darüber sieben und alles unterheben.

2 Den Teig auf das Blech streichen und auf der mittleren Schiene 8 bis 10 Minuten backen. Ein Küchentuch mit 2 Esslöffel Zucker bestreuen und den Biskuit darauf stürzen. Das Backpapier entfernen. Die Konfitüre sofort auf den Biskuit streichen und mit Hilfe des Tuchs aufrollen.

3 Die Gelatine in reichlich kaltem Wasser 10 Minuten einweichen. Den Holunderwein mit Zimt und dem restlichen Zucker erhitzen. Den Apfel vierteln, schälen, entkernen und nicht zu klein würfeln. In dem heißen Wein 5 Minuten garen. Die Gelatine gut ausdrücken und in dem heißen, aber nicht kochenden Wein auflösen.

4 Den Wein abkühlen, aber nicht gelieren lassen. Den Joghurt einrühren. Die Sahne steif schlagen und unterheben. Eine Kugelform mit etwa 1 Liter Inhalt mit Frischhaltefolie auskleiden. Den Biskuit in knapp 1 Zentimeter breite Scheiben schneiden und die Form damit auskleiden. Die Sahnemasse einfüllen und mit den restlichen Biskuitscheiben abdecken.

5 Die Charlotte im Kühlschrank 4 bis 6 Stunden fest werden lassen. Die Charlotte aus der Form heben und die Folie abziehen. Das Gelee erwärmen und die Charlotte damit überziehen.

Mascarponetorte mit Walnusskrokant

Für den Krokant und den Boden

50 g Zucker + 50 g Walnusskerne + 1 EL Honig
80 g Cantuccini (italienische Mandelkekse) oder Zwieback
6–8 EL flüssige Butter + Butter für die Form

Für die Füllung

4 Eier + 100 g Zucker + 500 g Mascarpone
1 Päckchen Vanillepuddingpulver
2 Msp. Backpulver + 1 unbehandelte Zitrone
4 EL Holunder-Orangen-Konfitüre (→ Seite 98)

Zubereitungszeit 45 Minuten

1 Den Zucker zu einem hellen Karamell schmelzen. Die Nüsse grob hacken und in dem Karamell wenden. Den Honig einrühren. Die Masse auf einem Teller abkühlen lassen.

2 Die Cantuccini grob zerkleinern und mit der Butter mischen. Eine Springform von 26 Zentimeter Durchmesser einfetten und die Keksmasse auf den Boden streichen. Kühl stellen.

3 Den Backofen auf 180 °C vorheizen. Die Eier trennen. Die Eigelbe mit dem Zucker cremig rühren. Eiweiß steif schlagen. Den Mascarpone mit der Eigelbmasse mischen. Puddingpulver und Backpulver einrühren.

4 Die Zitrone heiß abwaschen, trockenreiben und die Schale zum Mascarpone reiben. Die Zitrone auspressen und den Saft sowie die Holunderkonfitüre zum Mascarpone geben und unterrühren. Den Eischnee unterheben und die Masse in die Form geben.

5 Den Kuchen auf der mittleren Schiene 60 bis 70 Minuten backen. Die Oberfläche eventuell mit Butterbrotpapier abdecken, falls sie zu dunkel wird. Den Krokant in zwei Gefrierbeuteln mit einer Teigrolle zerkleinern und über die abgekühlte Torte streuen.

Beerentorte

200 g Mehl + 100 g kalte Butter
2 Msp. Salz + 100 g Zucker
1 Eigelb + Butter für die Form
6 Blatt weiße Gelatine
30 g Zartbitterschokolade
500 g Quark (40%) + 2 EL Zitronensaft
150 g Himbeeren + 150 g Brombeeren
300 g Sahne + 2 EL Holunder-
brand + 1/4 l Holundersaft
1 Päckchen heller Tortenguss

Zubereitungszeit 1 Stunde

1 Das Mehl mit Butter, Salz und 3 Esslöffel Zucker grob mischen. Das Eigelb zum Teig geben und zu einem glatten Teig verkneten. Den Teig in Frischhaltefolie wickeln und für 1 Stunde kühl stellen. Eine Springform mit einem Durchmesser von 26 Zentimetern einfetten. Den Backofen auf 190 °C vorheizen. Den gekühlten Teig zwischen Frischhaltefolie ausrollen und in die Form legen. Auf der mittleren Schiene 12 bis 15 Minuten backen und auf einem Kuchengitter auskühlen lassen.

2 Die Gelatine in kaltem Wasser 10 Minuten einweichen. Die Schokolade reiben und verflüssigen. Den Tortenboden damit bestreichen. Den Quark mit Zitronensaft und dem restlichen Zucker verrühren. Die Beeren verlesen und, falls notwendig, vorsichtig waschen.

3 Die Sahne steif schlagen. Die Gelatine gut ausdrücken, in dem Holunderbrand verflüssigen und unter den Quark rühren. Etwa 50 Gramm geschlagene Sahne in einen Spritzbeutel mit Zackentülle füllen und kalt stellen. Die restliche Sahne unter den Quark heben, die Beeren unterrühren. Die Quarkmasse auf den Tortenboden streichen und 2 Stunden kühl stellen.

4 Aus Holundersaft und Tortenguss einen Guss herstellen und abgekühlt über die Quarkcreme streichen. Wieder mindestens 2 Stunden kühl stellen. Die Torte mit Sahnetupfen garnieren.

Feiner Gugelhupf

200 g weiche Butter + 250 g Zucker
2 Msp. Salz + 1 Päckchen Vanillezucker
1/2 TL abgeriebene Orangenschale
4 Eier + 500 g Mehl + 1 Päckchen Backpulver + Etwa 100 ml Milch
100 g gehackte Mandeln
100 g Orangeat + Butter für die Form

Außerdem

10 EL Holundergelee + 2 EL Zucker
4 EL Mandelblättchen

Zubereitungszeit 35 Minuten

1 Die Butter schaumig rühren, den Zucker dabei esslöffelweise dazugeben und so lange rühren, bis sich der Zucker aufgelöst hat. Salz, Vanillezucker sowie Orangenschale unterrühren und nach und nach die Eier dazugeben. Den Backofen auf 200 °C vorheizen.

2 Das Mehl mit dem Backpulver über die Butter-Zucker-Masse sieben. Nur so viel Milch einrühren, bis der Teig schwer reißend vom Löffel fällt. Zum Schluss die Mandeln und das Orangeat einrühren. Eine Gugelhupfform mit Butter einfetten und den Teig einfüllen.

3 Den Kuchen im Backofen auf der zweiten Schiene von unten 55 bis 65 Minuten backen. Auf einem Kuchengitter auskühlen lassen. Das Holundergelee mit dem Zucker erwärmen und abkühlen, aber nicht fest werden lassen. Den Kuchen damit dünn bestreichen und sofort mit den Mandelblättchen bestreuen. Sobald der Guss fest geworden ist, eine zweite Geleeschicht auftragen.

Tipp

Beim Rührteig müssen Butter, Zucker und Eier lange gerührt werden, aber sobald Mehl und Backpulver dazu gekommen sind, sollte der Teig nur noch einmal kurz gerührt werden.

Puddingkuchen vom Blech

300 g Tiefkühl-Blätterteig + 1/2 l Milch
3 Päckchen Vanillepuddingpulver
300 g Butter + 300 g Zucker
3 Päckchen Vanillezucker
8 Eier + 1 kg Schichtkäse
Etwas abgeriebene Zitronenschale
2 EL Zitronensaft
2 EL Holunderbrand
8 EL gemahlene Mandeln
8 EL Holunder-Orangen-Konfitüre **(→ Seite 98)**
40 g Mandelblättchen

Zubereitungszeit 45 Minuten

1 Den Blätterteig auftauen lassen. Von der Milch etwas abnehmen und 2 Päckchen Puddingpulver darin glatt rühren. Die restliche Milch mit der Butter, 250 Gramm Zucker und 1 Päckchen Vanillezucker zum Kochen bringen. Das angerührte Puddingpulver zugeben, verrühren und einmal aufkochen lassen. 6 Eier trennen, die Eigelbe unter den Pudding rühren und den Pudding abkühlen lassen. Eiweiß steif schlagen und unterheben.

2 Die restlichen beiden Eier mit dem restlichen Zucker, 1 Päckchen Vanillezucker und dem Schichtkäse glatt rühren. Das restliche Päckchen Puddingpulver, Zitronenschale, Zitronensaft und Holunderbrand einrühren.

3 Den Backofen auf 210 °C vorheizen. Ein Backblech mit Backpapier auslegen. Den Blätterteig aufeinander legen, zwischen Frischhaltefolie in der Größe eines Backblechs ausrollen und aufs Blech legen. Mit den gemahlenen Mandeln bestreuen. Dann den Schichtkäse, die Holunderkonfitüre und die Puddingcreme darüber streichen.

4 Den Kuchen mit den Mandelblättchen und dem restlichen Vanillezucker bestreuen und im Backofen auf der mittleren Schiene 30 bis 40 Minuten backen.

Haselnusstorte Linzer Art

150 g weiche Butter + 100 g Rohrzucker
2 Eier + 125 g gemahlene Haselnüsse
2 EL Holunderbrand + 1 TL Lebkuchengewürz
1/2 TL Mazis (Muskatblüte)
1/2 TL abgeriebene Zitronenschale
250 g Weizenvollkornmehl + Butter für die Form
250 g Holunder-Fruchtaufstrich + 1 Eigelb

Zubereitungszeit 35 Minuten

1 Die Butter schaumig rühren. Den Zucker hinzufügen und so lange rühren, bis sich der Zucker fast vollständig aufgelöst hat. Eier, Haselnüsse (bis auf 1 Esslöffel), Holunderbrand, Gewürze, Zitronenschale und Mehl hinzufügen. Alles zu einem glatten Teig verkneten. Den Teig zu einer Kugel formen und in Frischhaltefolie 2 Stunden kühl stellen.

2 Den Backofen auf 200 °C vorheizen. Eine Springform mit einem Durchmesser von 26 Zentimetern mit Butter einfetten. Den Teig zwischen Frischhaltefolie auf die Größe der Springform ausrollen und in die Form legen. Teigreste dünn ausrollen und mit einem Teigrädchen schmale Streifen ausradeln.

3 Die Teigoberfläche mit dem Holunder Fruchtaufstrich bestreichen. Die Teigstreifen in einem hübschen Muster darauf legen. Das Eigelb mit etwas Wasser verrühren, die Teigstreifen damit bestreichen und mit den zurückgelegten Haselnüssen bestreuen.

4 Die Torte im Backofen auf der mittleren Schiene 35 bis 40 Minuten backen. Die abgekühlte Torte fest in Alufolie wickeln und möglichst 2 bis 3 Tage durchziehen lassen.

Tipp

Statt der gemahlenen Haselnüsse können Sie natürlich auch Mandeln, Walnüsse oder Pecannüsse verwenden. Macadamianüsse sind wegen ihres Fettgehalts für dieses Gebäck nicht geeignet.

Eingemachtes und Getränke

Holundermuttersaft

Holunderbeeren + Wasser

Grundrezept
Zubereitungszeit 45 Minuten

1 Die Beeren von den Stielen zupfen, hellviolette und grüne Beeren aussortieren. Die Holunderbeeren gründlich abbrausen.

2 Die Beeren in einen Topf geben und mit so viel Wasser begießen, bis es 3 Finger breit über den Früchten steht. Die Beeren zum Kochen bringen und 30 Minuten sieden lassen.

3 Die gekochten Holunderbeeren 12 Stunden durch ein Mulltuch abtropfen lassen. Die Früchte nicht ausdrücken. Den Saft noch einmal 3 Minuten kochen und heiß in Flaschen füllen und verschließen. Der Saft ist 4 Wochen haltbar.

Tipp

Dieser reine, ungesüßte Saft wird mit Mineralwasser oder Wasser nach Belieben verdünnt und nach Geschmack mit Zucker, Apfeldicksaft, Honig oder Ahornsirup gesüßt.

Die Haltbarkeit des Muttersafts wird verlängert, wenn der Saft bei 85 °C 20 Minuten pasteurisiert wird.

Holundersaft

3 kg Holunderbeeren + 350 g Zucker
1 Sternanis + 1 Stück Zitronenschale

Für circa 5 Liter
Zubereitungszeit 45 Minuten

1 Die Beeren von den Stielen zupfen, hellviolette und grüne Beeren aussortieren. Die Holunderbeeren gründlich abbrausen.

2 Die Beeren mit Zucker, 2 Liter Wasser, Sternanis und Zitronenschale 30 Minuten kochen.

3 Saft und Beeren 6 Stunden durch ein Mulltuch abtropfen lassen und leicht ausdrücken. Den Saft noch einmal 3 Minuten kochen, sofort in Flaschen füllen und verschließen. Der Saft ist 3 Monate haltbar.

Holundermark

Holunderbeeren + Wasser

Grundrezept
Zubereitungszeit 50 Minuten

1 Die Beeren von den Stielen zupfen, hellviolette und grüne Beeren aussortieren. Die Holunderbeeren gründlich abbrausen. Die Holunderbeeren in einem Topf gerade mit Wasser bedecken und bei milder Hitze 30 Minuten kochen. Anschließend durch ein feines Sieb streichen.

2 Das Holundermark nach Belieben mit weißem oder braunem Zucker süßen, weitere 2 Minuten kochen, heiß in Gläser füllen und sofort verschließen. Das Mark ist 4 Wochen haltbar. Wenn das Mark in Einweckgläsern bei 85 °C pasteurisiert wird, beträgt die Haltbarkeit 9 Monate.

Holundersirup

1 l Holundersaft + 1,2 kg Zucker
100 g Holundermark (→ Seite 95)
Saft und Schale von 2 unbehandelten Zitronen
1 unbehandelte Orange

Für circa 2,5 Liter
Zubereitungszeit 30 Minuten

1 Den Saft mit Zucker und Holundermark aufkochen. Die Zitrusfrüchte abwaschen. Von jeder Frucht einige Schalenstreifen abziehen, die Früchte auspressen und mit den Schalen im Saft einmal aufkochen.

2 Die Schalenstreifen entfernen und die Flüssigkeit so lange erhitzen, bis sie eine sirupähnliche Konsistenz hat. Den fertigen Sirup in Flaschen füllen und verschließen. Der Sirup ist 9 Monate haltbar.

Holunderblütensirup

2 kg Zucker + 450 g Akazienhonig
50 g Zitronensäure + 1/2 unbehandelte Zitrone
1/2 unbehandelte Orange
30 Holunderblütendolden

Für circa 5 Liter
Zubereitungszeit 15 Minuten

1 3 1/2 Liter Wasser mit Zucker und Honig so lange kochen, bis ein heller Sirup entstanden ist. Die Zitronensäure einrühren. Den Sirup in einem Steinguttopf auf Zimmertemperatur abkühlen lassen.

2 Die Zitrusfrüchte unter fließendem Wasser abbürsten, trockenreiben und in Scheiben schneiden. Die Stiele der Blüten entfernen und die Blüten mit den Zitrusfrüchten und dem Sirup verrühren.

3 Das Gefäß verschließen und in einem kühlen Raum 6 bis 7 Tage durchziehen lassen. Den Sirup durch ein Sieb gießen, in Flaschen füllen und verschließen. Der Sirup ist 6 Monate haltbar.

Holundergelee

1 l Holundermuttersaft
Saft von 3 Zitronen
1,5 kg Gelierzucker
1 Zimtstange

Für 6 Gläser à 450 Gramm
Zubereitungszeit 20 Minuten

1 Den Holundermuttersaft mit 1/2 Liter Wasser und Zitronensaft zum Kochen bringen. Den Gelierzucker und die Zimtstange dazugeben und 3 Minuten sprudelnd kochen lassen.

2 Etwas heiße Fruchtzubereitung auf einen kleinen Teller gießen, um zu sehen, ob der Saft geliert. In diesem Fall die Zimtstange entfernen und das Gelee sofort in heiß ausgespülte Gläser füllen und mit Twist-off-Deckeln verschließen.

3 Falls das Gelee nicht fest wird, muss es noch weitere 3 Minuten sprudelnd gekocht werden, bevor es in Gläser gefüllt wird. Das Gelee ist 9 Monate haltbar.

Tipp

Bei Verwendung von kalorienreduziertem Zucker hält sich die Farbe des Holundergelees nicht so lange. Es sollte in diesem Fall in 4 bis 5 Monaten verbraucht werden.

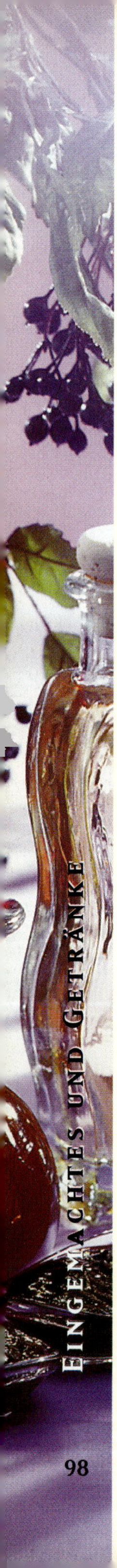

Holunder-Orangen-Konfitüre

5 EL Pinienkerne + ½ l Holundersaft + ½ l frisch gepresster Blutorangensaft + 3 Limetten 1 unbehandelte Orange 3 Blutorangen + 1,5 kg Gelierzucker

Für 6 Gläser à 450 Gramm
Zubereitungszeit 35 Minuten

1 Die Pinienkerne in einer fettfreien Pfanne leicht rösten und beiseite legen. Den Holundersaft mit dem Orangensaft mischen und erhitzen. Die Limetten und die unbehandelte Orange heiß abwaschen, trockenreiben und mit einem Zestenreißer von 2 Limetten und der Orange die Schale in Streifen abziehen.

2 Alle Limetten und 1 Orange auspressen und den Saft mit den Schalenstreifen zu dem Holunder-Orangen-Saft geben und zum Kochen bringen. Die 3 Blutorangen wie einen Apfel schälen und dabei auch die weiße Haut entfernen. Mit einem scharfen Messer zwischen die Trennwände schneiden und so die Filets lösen. Die Filets klein schneiden, Fruchtrückstände auspressen.

3 Den Zucker in den Saft rühren und 2 Minuten sprudelnd kochen. Den restlichen Saft mit den Filets und den Pinienkernen einrühren und weitere 2 Minuten sprudelnd kochen.

4 Etwas Fruchtzubereitung auf einen kleinen Teller geben, um zu prüfen, ob sie geliert. In diesem Fall die Konfitüre sofort in heiß ausgespülte Gläser füllen und mit Twist-off-Deckeln verschließen. Falls die Gelierprobe nicht gelingt, die Konfitüre weitere 3 Minuten sprudelnd kochen. Die Konfitüre ist 9 Monate haltbar.

Tipp

Pinienkerne haben einen kräftigen Geschmack. Wer das nicht mag, verwendet stattdessen die gleiche Menge Mandelblättchen.

Holunder-Apfel-Konfitüre

1 l Holundersaft
100 g Holundermark (→ Seite 95)
200 ml Apfelsaft
500 g Äpfel
1 Vanillestange
Saft von 2 Zitronen
2 kg Gelierzucker

Für 8 Gläser à 450 Gramm
Zubereitungszeit 30 Minuten

1 Den Holundersaft mit Holundermark und Apfelsaft mischen und erhitzen. Die Äpfel vierteln, schälen, entkernen und in kleine Würfel schneiden. Die Vanillestange halbieren, das Mark herausschaben. Holundersaft mit Apfelwürfeln, Zitronensaft, Vanillemark und Vanillestange zum Kochen bringen.

2 Den Gelierzucker einrühren und 3 Minuten sprudelnd kochen lassen. Etwas von der Fruchtzubereitung auf einen kleinen Teller geben, um zu sehen, ob es geliert. In diesem Fall die Vanillestange entfernen und die Konfitüre sofort in heiß ausgespülte Gläser füllen und mit Twist-off-Deckeln verschließen.

3 Falls die Konfitüre nicht geliert, muss sie weitere 3 Minuten sprudelnd gekocht werden. Die Konfitüre ist 9 Monate haltbar.

Tipp

Holunder und Apfel gehen immer eine geschmacklich hervorragende Verbindung ein. Aber auch Birne, Pflaume oder Zwetschge und Kirsche harmonisieren gut mit dem Geschmack des Holunders.

Drei feine Holunderessige

Ein guter Essig macht eine Salatsauce erst richtig rund. Mit Essig werden aber auch Geflügel und Bratensaucen verfeinert und Fleisch und Fisch mariniert, wodurch sie mürbe werden und an Wohlgeschmack gewinnen.

Zubereitungszeit je 10 Minuten

Holunder-Balsam-Essig

100 g Holunderbeeren, geputzt
1/2 l guter Balsamessig + 1 EL Honig

Alle Zutaten einmal aufkochen, in Flaschen füllen und verschlossen 7 Tage ruhen lassen.

Holunder-Rotwein-Essig

50 g Holundermark + 1/2 l Rotweinessig
1 TL brauner Zucker + 1 Zimtstange

Alle Zutaten einmal aufkochen, die Zimtstange entfernen und den Essig in Flaschen füllen. Verschlossen 7 Tage ruhen lassen.

Holunderblütenessig

10 Holunderblütendolden + 1/2 l guter Weißweinessig + 2 Stück Orangenschale

Die Blüten entstielen und mit Essig und Orangenschale einmal aufkochen. Den Essig in einem dunklen Gefäß abgedeckt 5 Tage durchziehen lassen, dann durch ein feines Sieb in kleine Flaschen umfüllen.

Holunder-Relish

500 g Schalotten + 250 g Zucchini
200 g Möhren + 200 g Staudensellerie
Je 1 rote und gelbe Paprikaschote
2 Knoblauchzehen + 3 TL Salz
3 Lorbeerblätter + 100 ml Olivenöl
100 g Holunderbeeren, geputzt
2 EL eingelegte grüne Pfefferkörner
2 Gewürzgurken + 3 EL scharfer Senf
1 TL Curry + 100 g brauner Zucker
300 ml Holunderblütenessig (→ Seite 101)

Für 5 Gläser à 450 Gramm
Zubereitungszeit 1 Stunde

1 Die Schalotten abziehen und längs vierteln oder achteln. Die Zucchini waschen, Enden abschneiden, dann würfeln. Die Möhren und den Staudensellerie schälen und wie die Zucchini würfeln. Die Paprikaschoten vierteln, Trennwände und Kerne entfernen, die Hälften mit dem Sparschäler schälen und klein schneiden. Den Knoblauch abziehen und in dünne Scheiben schneiden.

2 Das Gemüse in 1/2 Liter Salzwasser mit den Lorbeerblättern bissfest garen und abgießen. Das Öl erhitzen und das Gemüse mit den Holunderbeeren und den Pfefferkörnern darin 3 Minuten schmoren. Die Gewürzgurken fein würfeln, mit Senf, Curry, Zucker, Holunderblütenessig und Gemüse einmal aufkochen und mit Salz abschmecken. Anschließend in heiß ausgespülte Gläser füllen und verschließen. Das Relish ist 1 Monat haltbar.

Tipp

Im Gegensatz zum fruchtigen Chutney besteht ein Relish aus Gemüse. Es passt wie ein Chutney zu gebratenem oder gegrilltem Fleisch und Fisch und natürlich zum Fleischfondue. Aber auch als Würze für Saucen und Salate sowie zu kaltem Braten und zur Käseplatte ist es unübertrefflich gut.

Holunder-Chutney

250 g kernlose Weintrauben
500 g Äpfel + 500 g Birnen
500 g Zwetschgen + 2 EL Rosinen
1/2 l Holunderwein + 75 g Zucker
1 EL Honig + 75 ml Holunderessig
1/2 TL Zimt + 1/2 TL gemahlener Ingwer
2 EL Senfpulver + 100 g Orangeat

Für 5 Gläser à 450 Gramm
Zubereitungszeit 40 Minuten

1 Die Trauben von den Stielen zupfen und im Mixer pürieren. Äpfel und Birnen vierteln, schälen, entkernen und fein würfeln. Zwetschgen entkernen und grob würfeln. Die zerkleinerten Früchte mit dem Traubenpüree, den Rosinen und dem Holunderwein so lange kochen, bis mehr als die Hälfte der Flüssigkeit verdampft ist.

2 Die Fruchtzubereitung mit Zucker, Honig, Holunderessig, Zimt, Ingwer, Senfpulver und Orangeat verrühren, einmal aufkochen lassen und sofort in heiß ausgespülte Gläser füllen und verschließen. Das Chutney ist 1 Monat haltbar.

Tipp

Chutneys stammen aus der indischen Küche. Diese würzigen Zubereitungen werden aus frischen Früchten mit Essig und Zucker hergestellt. Sie schmecken zu gebratenem und gegrilltem Fleisch und Fisch und würzen feine Saucen. Kalte Braten und Käse vertragen sich ebenfalls gut mit einem fruchtigen Chutney. Welchen Holunderessig Sie für dieses Rezept verwenden, bleibt Ihrem Geschmack überlassen.

Holundersenf

6 EL scharfer Senf + 2 EL körniger Senf
2 EL geriebener Meerrettich
2 EL Holundermark (→ Seite 95)
1–2 EL Honig

Zubereitungszeit 10 Minuten

1 Scharfen und körnigen Senf, Meerrettich, Holundermark und Honig miteinander mischen.

2 Die Mischung in 1 oder 2 heiß ausgespülte Gläser füllen und sorgfältig verschließen. Der Senf hält sich circa 2 Monate.

Tipp

Senf ist eine beliebte Würze, die nicht nur zu heißen Würstchen und Hausmacherwurst schmeckt. Holundersenf würzt Salate und Salatsauce, aber auch pikante heiße Saucen für Fleisch und Fisch.

Holunder-Orangen-Senfsauce

2 unbehandelte Orangen + 1 EL Butter
4 EL eingekochte Preiselbeeren
2 EL geriebener Meerrettich
2 EL Holundersenf + 1 EL Senfpulver
1 TL Honig + Salz + Cayennepfeffer

Zubereitungszeit 35 Minuten

1 Die Orangen heiß abwaschen, trockenreiben und die Schale von 1 Frucht mit einem Zestenreißer abziehen. Beide Früchte sorgfältig schälen und klein schneiden. Die Butter erhitzen und die Orangenstücke mit den Schalenstreifen darin 1 Minute schmoren.

2 Die Preiselbeeren einmal mit den Orangen aufkochen. Dann Meerrettich, Holundersenf, Senfpulver und Honig einrühren und alles mit Salz und Cayennepfeffer abschmecken. Die Senfsauce hält sich 3 Tage.

Tipp

Diese pikante Zubereitung eignet sich zum Würzen von kalten und warmen Saucen. Sie schmeckt vorzüglich zu kaltem Fleisch und Fisch und natürlich zum Fleischfondue.
Für eine besonders milde Sauce heben Sie 1 bis 2 Esslöffel geschlagene Sahne unter die fertige Sauce. Sie sollte in diesem Fall am gleichen Tag verbraucht werden.

Alkoholfreie Getränke mit Beeren und Blüten

Mit Beeren und Blüten des Schwarzen Holunders lassen sich gesunde und wohlschmeckende Getränke herstellen. Hier eine kleine Auswahl.

Holunderblütenlimonade

10 Holunderblütendolden + 2 unbehandelte Zitronen
1 unbehandelte Orange + 50 g weißer Kandis
200 g Himbeeren + 2 EL Holunderblütenessig
(→ Seite 101) + 2 Flaschen Mineralwasser

Zubereitungszeit 10 Minuten

1 Die Blüten in ein Gefäß legen. Die Schale von 1 Zitrone und der Orange abschneiden, die Früchte auspressen.

2 Zitrussaft, Schalen und Kandis erwärmen, bis sich der Kandis gelöst hat, über die Blütendolden gießen und abkühlen lassen. Den Ansatz abseihen und mit den Himbeeren, Holunderblütenessig und Mineralwasser mischen.

Milch-Mix-Getränk

100 ml Holundersaft + 50 ml Kirschsaft
1/2 l Milch + 1–2 EL Apfeldicksaft
4 EL geschlagene Sahne + Etwas Zimt

Zubereitungszeit 10 Minuten

Den Holundersaft mit Kirschsaft, Milch und Apfeldicksaft mixen. Die Sahne unterheben. Sofort in hohen Gläsern anrichten und mit etwas Zimt bestreuen.

Holunder-Kefir-Getränk

4 EL Holundermark (→ Seite 95)
500 g KefirSaft von 1 Zitrone
4 EL Holundersaft + 4 EL Honig
Etwas Mineralwasser
4 Melissestängel

Zubereitungszeit 5 Minuten

Alle Zutaten mixen und sofort in hohen Gläsern anrichten. In jedes Glas einen Stängel Melisse stellen.

Tipp

Nach körperlicher Anstrengung kommen Sie mit diesem Getränk schnell wieder zu Kräften.

Holunderblütentee

4 EL getrocknete Holunderblüten
1 l Wasser + 4 EL Honig oder Ahornsirup

Zubereitungszeit 5 Minuten

Die Holunderblüten in eine Kanne geben. Das Wasser erhitzen und darüber gießen. Abgedeckt 5 bis 10 Minuten ziehen lassen. Dann abseihen und mit dem Honig süßen.

Tipp

Für ein besonders vitaminreiches Getränk mischen Sie den fertigen Holunderblütentee mit etwas Zitronen- oder Orangensaft.
Getrocknete Holunderblüten erhalten Sie auch in Apotheken und Reformhäusern.

Holunderliköre

»Wer Sorgen hat, hat auch Likör, dann ist das Leben halb so schwör.« Was immer dieser Spruch bedeuteten soll, ein Gläschen in Ehren kann niemand verwehren. Hier zwei Rezepte für das beliebte Getränk.

Zubereitungszeit je 30 Minuten

Likör mit Weingeist

1 kg Zucker + 1,5 kg Holunderbeeren, geputzt
1 Zimtstange + 1 Sternanis + 2 Nelken
1 l Weingeist (aus der Apotheke)

1 Den Zucker mit 1 Liter Wasser, den Beeren und den Gewürzen mischen und 5 Minuten kochen, bis sich der Zucker gelöst hat. Die Mischung abkühlen lassen.

2 Die abgekühlte Zubereitung durch ein Sieb gießen und die Früchte leicht ausdrücken. Mit dem Weingeist mischen, in Flaschen füllen und verschließen. Der Likör ist 9 Monate haltbar.

Likör mit Jamaika-Rum

1/2 l Holundersaft + 1,2 kg brauner Zucker
2 Vanillestangen + 2,5 kg Holunder-beeren, geputzt + 3/4 l Jamaika-Rum

Den Holundersaft mit 1 Liter Wasser und braunem Zucker mischen. Die Vanillestangen aufschneiden und das Mark herausschaben. Beides mit den Holunderbeeren in den Topf geben und alles 5 Minuten kochen. Abkühlen lassen und durch ein Sieb gießen, dann mit dem Rum mischen, in Flaschen füllen und verschließen. Der Likör ist 9 Monate haltbar.

Holunderpunsch

½ l Apfelsaft + ½ l Holunderwein
1 l Holundersaft + 1 Zimtstange
1 Sternanis + 3 Gewürznelken
3 dünne Scheiben Ingwer
Saft und Schale von 1 unbehandelten Zitrone + Saft von 2 Orangen
50–100 g brauner Kandis
150 ml Holunderbrand oder Rum

Zubereitungszeit 10 Minuten

Alle Zutaten bis auf den Alkohol erhitzen, aber nicht kochen. Zum Schluss den Holunderbrand oder den Rum einrühren.

Holunderbowle

10 Holunderblütendolden
2 Flaschen aromatischer Weißwein
1 ungespritzte Zitrone + 2 Äpfel
2–4 EL Holunderlikör oder -sirup (→ Seite 96)
2 Flaschen trockener Sekt

Zubereitungszeit 20 Minuten

1 Die Blütendolden mit einer Flasche Wein begießen und 1 Stunde ruhen lassen. Die Zitrone und die Äpfel abwaschen. Die Zitrone in Scheiben schneiden, die Äpfel entkernen und fein würfeln. Zitrone und Äpfel, Likör oder Sirup sowie den restlichen Wein zu dem Blütenansatz geben.

2 Die Bowle im Kühlschrank 2 bis 3 Stunden ziehen lassen. Nach dem Durchziehen die Blütendolden und Zitronenscheiben entfernen und die Bowle mit Sekt auffüllen.

Holunderbrandy

250 g Holundermark (→ Seite 95)
100 g brauner Zucker + 3/4 l guter Cognac

Zubereitungszeit 15 Minuten

Das Holundermark mit dem Zucker und eventuell etwas Wasser mischen und einmal aufkochen. Die Masse abkühlen lassen und durch ein Sieb gießen. Die Flüssigkeit mit dem Cognac mischen, in Flaschen füllen und verschließen. Der Brandy hält sich 6 Monate.

Holunderwein

1 kg Holunderbeeren, geputzt
1/2 l kräftiger Rotwein + 1 unbehandelte Zitrone
Saft von 1 Zitrone + 1 kg Zucker

Zubereitungszeit 15 Minuten

1 Holunderbeeren und Rotwein mit 10 Liter Wasser in einem großen Glasgefäß mischen. Die Zitrone waschen und in Scheiben schneiden, mit dem Zitronensaft und dem Zucker zu den Holunderbeeren geben und alles gut mischen.

2 Das Glasgefäß mit einem mehrlagigen Tuch abschließen und 4 Tage in die Sonne stellen. Den Wein jeden Tag einmal kräftig umrühren. Danach den fertigen Wein filtern, in heiß ausgespülte Flaschen füllen und verschließen. Die Flaschen nicht bis zum Rand füllen. Der Holunderwein ist 9 Monate haltbar.

Tipp

Holunderwein kann mit Mineralwasser oder Sekt aufgegossen werden. Genießen Sie ihn eisgekühlt.

Über dieses Buch

Die Autorin

Kristiane Müller-Urban, Schriftstellerin in Offenbach am Main, hat über 100 Bücher über Küche, Kunst, Kultur und Kinder geschrieben. Als umtriebige Reiseschriftstellerin und Kochbuchautorin zieht es sie immer wieder in andere Küchen und Keller, um zu kosten und zu testen. Ihr umfangreiches Wissen vermittelt sie auch in Kochkursen für Kinder und Erwachsene.

Bildnachweis

Alle Fotos: Helga Florian, Weiden/ München
Food-Stylist: Alexander Lutz
Außer: Titelbild StockFood, München: S & P. Eising, Freisteller Photo Alto, Paris (Rozenbaum & Ciron)
S. 3/104 StockFood (Maximilian Stock LTD), S. 94 StockFood (Schieren)

Unser besonderer Dank gilt den Firmen:
Bauscher Hotelporzellan-BHS Tabletop AG, Weiden i. d. Oberpfalz
Porzellanfabrik Christian Seltmann GmbH, Weiden i. d. Oberpfalz
Nachtmann Bleikristall GmbH, Neustadt an der Waldnaab

Haftungsausschluss

Impressum

Weltbild Buchverlag
-Originalausgaben-

3. Auflage 2002

Projektleitung: Friederike Lutz
Redaktion: Heike Pressler
Bildredaktion: Susanne Allende
Umschlag: X-Design, München
Layout/Satz: AVAK Publikationsdesign, München
Reproduktion: Repro Mayr, Donauwörth
Druck und Bindung: Offizin Andersen Nexo Leipzig GmbH – ein Unternehmen der Union Verwaltungsgesellschaft, Spenglerallee 26–30, 04442 Zwenkau

Gedruckt auf chlorfrei gebleichtem Papier

Printed in Germany

ISBN 3-89604-358-7

Rezeptverzeichnis

Abkürzungen

EL	= Esslöffel
TL	= Teelöffel
Msp.	= Messerspitze
l	= Liter
ml	= Milliliter
g	= Gramm
kg	= Kilogramm